Meinem Vater Hans Poser (1917-1970)

Fidula-Verlag
Postfach
D-56154 Boppard/Rhein
Telefon 06742-2488 Fax 06742-2661

& A-5033 Salzburg/Austria
Telefon 0662-821814 Fax 0662-821814-14

Best.- Nr. 262
ISBN 3-87226-262-9

Johanna Niegl

FAMILIE BÄR

Lieder · Spiele · Tänze

Fidula

Illustrationen von Maya Hässig

Inhalt

Vorwort

Die 22 Lieder in diesem Buch sind für Kinder zwischen vier und neun Jahren gedacht. Sie können fast Wort für Wort als Spielszenen oder Tänze ausgestaltet werden und animieren Kinder zu Spielideen und Bewegung. Alle Lieder sind auf der CD bzw. Cassette „Familie Bär“ zu hören.

Als Anregung biete ich **zu jedem Lied ein Spiel und einen Tanz** an, die nach Bedarf variiert, vereinfacht oder ausgetauscht werden können. Die meisten meiner Spiel- und Tanzvorschläge sehen verschiedene Rollen und Aufgaben vor: Einige Kinder übernehmen Hauptrollen, um die Handlung darzustellen; die anderen - in ganz einfachen Rollen - singen, tanzen oder begleiten auf Instrumenten.

Die **Spiele** werden ohne Verwendung der CD realisiert, so daß Tempo und Ablauf den Möglichkeiten jeder Gruppe angepaßt werden können.

Die **Tänze** sind genau auf die Arrangements der CD abgestimmt. Zum leichteren Verständnis des Ablaufs sind sowohl die Taktzahlen als auch die entsprechenden Textstellen angegeben. Auch zu den Vor-, Zwischen- und Nachspielen mache ich Gestaltungsvorschläge.

Wenn **Instrumente** verwendet werden, können die üblichen Stabspiele und Rhythmusinstrumente, aber auch selbst gebastelte Instrumente oder klingende Gegenstände (Blechdosen, Holzklötzchen usw.) benutzt werden.

Für alle Spiele und Tänze mache ich praxiserprobte **Verkleidungsvorschläge. Bastelanleitungen** dazu finden Sie im Anhang. Alle Verkleidungen sind ohne großen Aufwand herzustellen und können schnell an- und ausgezogen werden. Wird ein Lied wiederholt, können die Rollen leicht getauscht und das Spiel oder der Tanz aus verschiedenen Perspektiven erlebt werden. Besonders bewährt haben sich die im Anhang beschriebenen "Umhänger". Dies sind kleine Schilder aus Pappe, die um den Hals getragen werden. Sie können von Kindern leicht selbst gebastelt werden.

Rollenspiel und tänzerischer Umgang mit Liedern ermöglichen abwechslungsreiche methodische Wege in unterschiedlichen Sozialformen. Verschiedene Begabungen, Interessen und Situationen werden integriert. Kinder erleben Musik als Spiel.

Viel Freude beim Singen, Spielen und Tanzen wünscht

Johanna Niegl

DER WALDI UND DIE WURST

2. Der Waldi, der Waldi, der Waldi bellt dann, macht Radau;
sein Frauchen, sein Frauchen, sein Frauchen weiß es ganz genau:
Jetzt möcht der Waldi eine Wurst, wau - wau, wau - wau, wau - wau,
und etwas Wasser für den Durst, wau - wau, wau - wau, wau - wau.

3. Doch heute, doch heute, doch heute ist der Kühlschrank leer,
ist Wurst nicht, ist Wurst nicht, ist Wurst nicht drin, nein gar nichts mehr.
Der Waldi denkt, das darf nicht sein, wau - wau, wau - wau, wau - wau,
dann kaufe ich 'ne Wurst mir ein, wau - wau, wau - wau, wau - wau.

4. Er läuft zum, er läuft zum, er läuft zum Metzgerladen hin:
Ach, sind da, ach, sind da, ach, sind da viele Leute drin!
Der Waldi denkt, was mach ich bloß, wau - wau, wau - wau, wau - wau?
Mein Hunger ist so riesengroß, wau - wau, wau - wau, wau - wau.

5. So bellt er, so bellt er, so bellt er, daß ihn jeder sieht;
und stellt euch, und stellt euch, und stellt euch vor, was dann geschieht:
Den Metzgermeister stört der Hund, wau - wau, wau - wau, wau - wau,
er gibt 'ne Wurst ihm in den Mund, wau - wau, wau - wau, wau - wau.

6. Der Waldi, der Waldi, der Waldi wedelt mit dem Schwanz,
vollführt noch, vollführt noch, vollführt noch einen Freudentanz,
verspeist die Wurst mit viel Genuß, wau - wau, wau - wau, wau - wau,
und mit dem Hunger ist jetzt Schluß, wau - wau, wau - wau, wau - wau.

S p i e l

Mitspieler	Waldi, das Frauchen, der Metzgermeister, einige Kunden im Metzgerladen, das Hundeorchester
Verkleidung	Hundemaske (Seite 104) oder Hundeohren (Seite 106), ein Seil als Schwanz für den Waldi und die Hunde im Hundeorchester, eine Schürze für den Metzgermeister
Material	Waldis Körbchen (Reifen, Tuch, Kiste oder Korb), ein Kühlschrank (Hocker, Stuhl oder Kiste), eine Metzgertheke (Hocker, Stühle oder Bank), Einkaufstaschen für die Kunden, eine Wurst (Seite 111)
Instrumente	frei gewählt
Aufstellung	Ein Teil des Raumes ist Waldis Zuhause; dort liegt er in seinem Körbchen. Das Frauchen steht daneben. In einer Ecke befindet sich der Kühlschrank. Ein anderer Teil des Raumes ist der Metzgerladen, darin der Metzgermeister und die Kunden, die bis zur 4. Strophe nur mitsingen, aber noch nicht spielen. Das Hundeorchester steht mit den Instrumenten als Gruppe am Rand.
Spielverlauf	Das Hundeorchester singt und begleitet in jeder Strophe das *wau-wau* auf den Instrumenten. Die anderen Mitspieler gestalten die Handlung des Liedes aus.

1. Strophe:	Waldi steigt aus seinem Körbchen, zeigt sich von allen Seiten und leckt sein Maul *(so große Gier).*
2. Strophe:	Waldi bellt; sein Frauchen streichelt ihn. Waldi macht schmatzende Geräusche.
3. Strophe:	Waldi und sein Frauchen gehen zum Kühlschrank, schauen hinein und sind enttäuscht. Waldi tippt sich an die Stirn: Er hat eine Idee.
4. Strophe:	Der Metzgermeister steht hinter der Theke und bedient die Kunden. Waldi läuft zum Metzgerladen, schlägt die Pfoten über dem Kopf zusammen und reibt sich den Bauch vor Hunger.
5. Strophe:	Waldi bellt. Der Metzgermeister gibt ihm eine Wurst ins Maul.
6. Strophe:	Waldi wedelt mit dem Schwanz, tanzt freudig herum und verspeist die Wurst (Wurst unter den Pullover stecken).

H u n d e t a n z

Tänzer	viele Hunde		
Verkleidung	wie die Hunde im Spiel		
Aufstellung	frei im Raum verteilt, auf allen Vieren		
Tanz	Vorspiel und alle Zwischenspiele:		Die Hunde wedeln mit dem Schwanz.
	Strophen:		Alle Strophen werden gleich getanzt.
	Beispiel 1. Strophe:		
	Takt 1 - 4	*Der Waldi...*	Die Hunde gehen vorwärts.
	Takt 5 - 8	*sein Fell ist...*	Sie stellen abwechselnd das rechte und das linke Knie nach außen und wieder nach innen.
	Takt 9 - 10	*Doch manchmal...*	Sie drehen sich auf der Stelle.
	Takt 11 - 12	*wau-wau...*	Sie wackeln mit dem Kopf.
	Takt 13 - 14	*nach Wurst...*	Sie drehen sich auf der Stelle.
	Takt 15 - 16	*wau-wau...*	Sie wackeln mit dem Kopf.

E N T E N K I N D E R

2. Entenpapa kommt herbei.
Entenkinder, eins, zwei, drei,
lernen tauchen ganz geschwind.
Das kann jedes Entenkind.

3. Ist das Lernen dann vorbei,
Entenkinder, eins, zwei, drei,
schwimmen kreuz und schwimmen quer.
Das gefällt den Kindern sehr.

4. Kommt der Abend dann herbei,
Entenkinder, eins, zwei, drei,
machen ihre Augen zu,
halten bei den Eltern Ruh.

S p i e l

Mitspieler drei Entenkinder, Entenmama, Entenpapa, ein Teich (viele Kinder)

Verkleidung verschiedene Möglichkeiten:

Enten:
- zwei größere und drei kleinere Enten-Umhänger (Seite 101)
- weiße T-Shirts und Entenfüße aus orangefarbenen oder gelbem Filz (Seite 108)
- weiße T-Shirts und Taucherflossen

Teichkinder:
- blaue Tücher, Stoffbänder oder Kreppapierstreifen mit Sicherheitsnadeln an der Kleidung befestigt
- blaue T-Shirts

Aufstellung Die Teichkinder stellen den Umriß eines Teichs dar; sie sitzten in einem großen Kreis am Boden. Die Entenmama und die drei Entenkinder schwimmen auf dem Teich. Der Entenpapa wartet außerhalb des Teiches.

Spielverlauf Die Teichkinder singen. Die Enten spielen die Handlung des Liedes.

1. Strophe: Die Entenkinder schwimmen brav hinter der Entenmama her.
2. Strophe: Die Entenmama verläßt den Teich. Der Entenpapa kommt angeschwommen und zeigt den Kindern das Tauchen.
3. Strophe: Der Entenpapa verläßt den Teich. Die Entenkinder schwimmen kreuz und quer über den Teich.
4. Strophe: Der Abend kommt. Die Teichkinder hocken oder legen sich hin. Die Entenmama und der Entenpapa kommen wieder in den Teich zurück, und die ganze Entenfamilie kuschelt sich schlafend aneinander.

Hinweis Die Form eines Kreises ist für die Teichkinder leichter zu halten, wenn die Plätze markiert sind (Tücher, Reifen o.ä.).

Ententanz

Tänzer wie die Mitspieler im Spiel

Verkleidung wie im Spiel (Ein schönes Bild ergibt sich, wenn blaue Tücher, Stoffbänder oder Kreppapierstreifen um die Handgelenke der Teichkinder gebunden sind.)

Aufstellung Die Teichkinder stehen in Handfassung im Kreis; sie stellen den Teich dar. Die Entenmama und die drei Entenkinder schwimmen auf dem Teich. Der Entenpapa wartet außerhalb des Teiches.

Tanz

Vorspiel: Die Teichkinder schwingen ihre Arme von außen nach innen sanft hin und her. Die Entenkinder und die Entenmama warten in der Teichmitte.

Strophen: Die Teichkinder tanzen die 1. - 3. Strophe gleich, die 4. Strophe etwas abgewandelt. Die Entenfamilie gestaltet die Handlung des Liedes aus.

Beispiel 1. Strophe:		Teichkinder:
Takt 1 - 3	*Hört am Teich...*	Sie gehen rechts herum im Kreis.
Takt 4	*eins, zwei, drei*	Sie machen drei Schritte auf der Stelle.
Takt 5 - 8	*Entenmama...*	Sie gehen links herum im Kreis.
1. - 3. Strophe:		Entenfamilie: wie 1. - 3. Strophe im Spiel
Zwischenspiel:		Die Teichkinder schwingen ihre Arme wie im Vorspiel. Die Entenfamilie versammelt sich in der Mitte des Teichs.
4. Strophe:		Teichkinder:
Takt 1 - 3	*Kommt der...*	Sie gehen rechts herum im Kreis.
Takt 4	*eins, zwei, drei*	Sie machen drei Schritte auf der Stelle.
Takt 5 - 8	*machen ihre ...*	Sie hocken oder legen sich hin.
		Entenfamilie: wie 4. Strophe im Spiel

Hinweis Sollten nicht genug Kinder da sein, um in Handfassung den Umriß eines Teichs zu bilden, legt man einen großen Kreis aus Tüchern, Reifen o.ä. auf den Boden. Die Teichkinder tanzen dann außerhalb des Kreises, ohne sich an den Händen zu fassen.

G U M M I B Ä R C H E N

2. An mein'm Geburtstag jedes Jahr
gibt's Kuchen bunt geschmückt
mit Gummibärchen, das ist klar,
darauf bin ich verrückt.
Gummi-Gummi-Gummi...

3. Die Oma kommt bei uns vorbei
und bringt ein ganzes Pfund.
Ich ess - das ist mir einerlei -
mich daran dick und rund.
Gummi-Gummi-Gummi...

4. Die Kathrin und der Florian,
die haben manchmal Glück;
aus Mamas Dose in dem Schrank
kriegt jeder hundert Stück.
Gummi-Gummi-Gummi...

5. Und wenn ich keine Bärchen hab,
dann fühl ich mich ganz leer.
Schnell frage ich ein and'res Kind:
"Hast du 'nen Gummibär?"
Gummi-Gummi-Gummi...

S p i e l

Mitspieler viele Gummibärchen, eine Gummibärchenband

Verkleidung verschiedene Möglichkeiten, jeweils in typischen Gummibärchenfarben (rot, grün, gelb, orange, weiß):
- Gummibärchen-Umhänger (Seite 101)
- Gummibärchenmasken (Seite 103)
- einfarbige Kleidung
- Tücher mit Sicherheitsnadeln an der Kleidung befestigt

Instrumente beliebig

Aufstellung Die Gummibärchenband steht als Gruppe in der Mitte des Raums. Die anderen Gummibärchen verteilen sich locker um die Band herum.

Spielverlauf Während der Strophen stehen alle an ihrem Platz und singen gemeinsam ohne Begleitung der Instrumente. Während des Refrains singt die Gummibärchenband und begleitet frei auf ihren Instrumenten; die Gummibärchen tanzen um die Band herum. Nach dem Refrain bleiben die Gummibärchen an ihrem Platz stehen.

Varianten

- Im Refrain werden die Gummibärchen in zwei Gruppen aufgeteilt, z.B. rote/gelbe und grüne/weiße. Auch die Gummibärchenband wird in zwei Gruppen geteilt, die Instrumente mit unterschiedlichem Klangcharakter erhalten, z.B.:
  - laute und leise Instrumente
  - hohe und tiefe Instrumente
  - Instrumente aus Holz - Instrumente aus Metall
  - Instrumente zum Schlagen - Instrumente zum Schütteln
  - verschiedene Instrumentengruppen, z.B. Trommeln - Glöckchen
  - selbstgebastelte Rasseln mit verschiedenen Füllungen, z.B. getrocknete Erbsen - Reis
  - selbstgebastelte Rasseln mit Gummibärchen gefüllt - leere Gummibärchentüten zum Rascheln (Die Gummibärchen werden nach dem Lied an die Kinder verteilt.)

  Bei *Gummi-Gummi-Gummi-Gummibärchen* tanzen die roten/gelben Gummibärchen, und eine Gruppe der Band begleitet. Bei *das ist doch sonnenklar* und *die schmecken wunderbar* tanzen die grünen/weißen Gummibärchen, und die andere Gruppe der Band begleitet.

- In der 4. Strophe werden Namen von Mitspielern eingesetzt.

G u m m i b ä r c h e n t a n z

Tänzer	viele Gummibärchen	
Verkleidung	wie im Spiel	
Aufstellung	Jeweils 3 - 5 Gummibärchen stehen in Schulterfassung hintereinander. Die Gruppen verteilen sich im Raum.	
Tanz	Vorspiel:	Alle warten.
	Strophen:	Die Gummibärchengruppen trippeln in Schulterfassung frei durch den Raum.
	Refrain:	Bei *Gummi-Gummi-Gummi-Gummibärchen* bleiben sie stehen. Die Gummibärchen lösen die Schulterfassung, hüpfen auf der Stelle und kicken dabei abwechselnd das rechte und linke Bein schräg nach außen. Alle müssen dabei mit der gleichen Seite anfangen. Bei *das ist doch sonnenklar* und *die schmecken wunderbar* heben alle Gummibärchen die Arme und führen sie in einem großen Bogen nach außen zum Körper hinunter (weite "Schwimmbewegung"). Nach dem Refrain löst sich das erste Kind aus jeder Gruppe und schließt sich hinten an.

K R O K O D I L S L E B E N

2. Wer hätte das gedacht, schon plätscherte es sacht.
Heraus stieg aus dem Nil ein schönes Krokodil.
Gleich nach dem ersten Blick begann das große Glück.
Sie blieben nun zu zwei'n im warmen Sonnenschein.

3. Nach gar nicht langer Zeit, da war es schon so weit:
Es lag am heißen Strand ein großes Ei im Sand.
Geboren wurd am Nil ein Baby-Krokodil.
Nun waren sie zu drei'n im warmen Sonnenschein.

4. Von da an lag am Nil Familie Krokodil
und sonnte mit Genuß am Ufer sich vom Fluß.
Sie träumten vor sich hin; voll Glück war nun ihr Sinn.
So soll das Leben sein im warmen Sonnenschein.

S p i e l

Mitspieler

Herr Krokodil, Frau Krokodil, Baby-Krokodil, zwei Eierträger, der Nil (viele Kinder)

Verkleidung

verschiedene Möglichkeiten:

Krokodile:
- zwei große, ein kleiner Krokodil-Umhänger (Seite 102)
- Krokodilschnauzen (Seite 110)
- grüne Tücher mit Sicherheitsnadeln an der Kleidung befestigt
- grüne Kleidung

Nilkinder:
- blaue Tücher, Stoffbänder oder Kreppapierstreifen um die Handgelenke gebunden oder mit Sicherheitsnadeln an der Kleidung befestigt
- blaue T-Shirts

Material

weißes Bettlaken als Eihülle oder ein großes Ei aus Pappe, das in zwei Teile zerlegt werden kann (Seite 109)

Aufstellung

Die Nilkinder stehen nebeneinander in einer Reihe; sie stellen den Fluß dar. Herr Krokodil liegt am Ufer des Nils; Frau Krokodil, das Baby-Krokodil und die Eierträger warten hinter der Nilkinder-Reihe. Das Baby-Krokodil ist in das Bettlaken eingehüllt oder versteckt sich hinter dem Papp-Ei.

Spielverlauf

Während des ganzen Liedes singen die Nilkinder und bewegen ihre Oberkörper bzw. Tücher sanft hin und her. Die anderen Mitspieler stellen die Handlung dar.

1. Strophe: Herr Krokodil liegt faul in der Sonne.
2. Strophe: Die Nilkinder öffnen die Reihe an einer Stelle: Frau Krokodil kriecht hervor. Beide Krokodile schauen sich verliebt an und legen sich faul nebeneinander.
3. Strophe: Die Nilkinder öffnen wieder die Reihe: Die zwei Eierträger kommen mit dem Baby-Krokodil nach vorn. Das Baby-Krokodil ist in das Bettlaken gehüllt oder versteckt sich hinter dem Papp-Ei. Bei *geboren wurd am Nil* entfernen die Eierträger das Bettlaken oder öffnen das Papp-Ei. Das Baby-Krokodil schlüpft aus und legt sich gemütlich zu seinen Eltern.
4. Strophe: Die drei Krokodile liegen faul in der Sonne.

Variante

Ein Kind stellt die Sonne dar. Die Sonne wartet am Anfang des Liedes an einem Ende der Nilkinderreihe. Sie wandert am Ende jeder Strophe bei *im warmen Sonnenschein* vor den Nilkindern zum anderen Ende der Reihe und bleibt dort während der nächsten Strophe stehen.

Verkleidungen für die Sonne:
- gelbes Tuch, um den Kopf gebunden
- Sonnen-Umhänger (Seite 97)
- Sonnenmaske (Seite 104)
- Sonnenkrone (Seite 107)
- Sonne am Stab (Seite 111)

K r o k o d i l s t a n z

Tänzer Herr Krokodil, Frau Krokodil, Baby-Krokodil, viele Kinder

Verkleidung wie im Spiel

Aufstellung Alle Kinder und Krokodile stehen in Handfassung im Kreis.

Tanz

Vorspiel:		Alle warten.
Strophen:		Alle Tänzer im Kreis tanzen jede Strophe gleich. Familie Krokodil gestaltet die Strophen aus.
Beispiel 1. Strophe		Tänzer im Kreis:
Takt 1 - 4	*Es war einmal...*	Sie gehen rechts herum.
Takt 5 - 8	*das sonnte...*	Sie gehen links herum.
Takt 9 - 10	*es träumte...*	Sie legen die Hände in die Hüften und schwingen die Oberkörper sanft hin und her.
Takt 11 - 12	*da kam ihm...*	Sie hocken sich langsam hin.
Takt 13 - 14	*viel schöner...*	Sie richten sich langsam auf.
Takt 15 - 16	*im warmen...*	Sie heben den rechten Arm und beschreiben damit einen Halbkreis, um den Lauf der Sonne zu zeigen.
		Familie Krokodil:
1. Strophe:		Herr Krokodil löst sich aus dem Kreis und legt sich langsam in die Kreismitte.
2. Strophe:		Bei *heraus stieg aus dem Nil* löst sich Frau Krokodil aus dem Kreis und legt sich gemächlich dazu.
3. Strophe:		Bei *geboren wurd am Nil* löst sich das Baby-Krokodil aus dem Kreis und legt sich zu seinen Eltern.
4. Strophe:		Familie Krokodil liegt faul in der Kreismitte.

Nachspiel: Familie Krokodil steht auf, reicht sich die Hände und tanzt zu dritt nach dem gleichen Schema wie die Kinder im äußeren Kreis.

M O R G E N R E G E N

2. Ich schau aus meinem Fenster,
der Regen tropft ans Glas.
Die Bäume und die Blumen
im Garten werden naß.

3. Ich hole meinen Mantel
und schlüpfe in die Schuh.
Ich laufe auf die Straße
und schau dem Regen zu.

4. Da ist 'ne große Pfütze,
ich patsche lustig 'rein.
Es spritzt das Regenwasser
mir in die Schuh hinein.

5. Von oben und von unten
werd' ich jetzt pitschenaß.
Doch so ein Morgenregen,
der macht mir richtig Spaß.

S p i e l

Mitspieler	ein Kind, Regentropfen (viele Kinder)
Verkleidung	eine Regenjacke und ein paar Gummistiefel für das Kind (ausreichend groß für verschiedene Darsteller); Regentropfen-Umhänger (Seite 101) oder blaue T-Shirts für die Regentropfen
Material	eine Matte oder Wolldecke als Bett; eine Plastikfolie, ein Reifen oder ein kreisförmig gelegtes Seil als Pfütze
Instrumente	Die Kinder probieren aus, welche Instrumente und welche Spielweisen wie Regen klingen. Sie können z.B. mit den Fingerkuppen auf Trommeln, den Fußboden oder auf die Sitzfläche ihres Stuhls klopfen. Auch Klanghölzer, Triangeln und Rasseln sind für "Regenmusik" gut geeignet.
Aufstellung	Die Regentropfen stehen mit ihren Instrumenten im Halbkreis. Ein Teil der Fläche vor dem Halbkreis wird zum Inneren eines Hauses erklärt, der andere Teil ist die Straße vor dem Haus. Im Haus liegt das Kind in seinem Bett und schläft. Regenjacke und Gummistiefel stehen neben dem Bett griffbereit. Es wird festgelegt, wo das Fenster ist, aus dem das Kind hinausschaut, und wo die Haustür ist, aus der das Kind auf die Straße läuft. Auf der Straße vor dem Haus ist eine Pfütze.
Spielverlauf	Die Regentropfen singen und begleiten die Strophen mit "Regenmusik" auf ihren Instrumenten. Das Kind spielt die Handlung des Liedes.

1. Strophe:	Das Kind erwacht und steht langsam auf.
2. Strophe:	Es geht zum Fenster und schaut hinaus.
3. Strophe:	Es zieht die Regenjacke und die Gummistiefel an, geht durch die Haustür nach draußen und schaut dem Regen zu.
4. Strophe:	Es patscht mit den Füßen in die Pfütze.
5. Strophe:	Es springt fröhlich auf der Straße herum.

Variante	Die Regentropfen machen vor dem Lied, zwischen den Strophen und nach dem Lied Regenmusik auf ihren Instrumenten. Ein Kind ist der "Regenmeister". Es ruft den Regentropfen zu, wie musiziert werden soll (z.B. leise tröpfelnd, nieselnd, prasselnd, in Strömen gießend).

P f ü t z e n t a n z

Tänzer	viele Regentropfen
Verkleidung	Regentropfen-Umhänger (Seite 101) oder blaue T-Shirts
Material	mehrere Plastikfolien, Reifen oder kreisförmig gelegte Seile als Pfützen
Aufstellung	Die „Pfützen“ liegen am Boden verteilt. Die „Regentropfen“ stehen frei verteilt im Raum, außerhalb der Pfützen.
Tanz	Zwei Tanzabschnitte A und B werden abwechselnd von allen Regentropfen getanzt.

Vorspiel:	A: Die Regentropfen tanzen frei im Raum um die Pfützen herum.
1. Strophe:	B: Zwei oder drei Regentropfen versammeln sich in einer Pfütze und tanzen darin herum.
2. Strophe:	A
3. Strophe:	B
Zwischenspiel:	A
4. Strophe:	B
5. Strophe:	A

Variante: Ein Kind (Spielleiter/in) schlägt zwischen Vorspiel, Strophen und Zwischenspiel auf eine Triangel (Trommel, Becken), um für alle Kinder den Wechsel der Tanzabschnitte deutlich zu machen.

S P A G H E T T I

2. Ganz besonders schmeckt die Soße
mit Tomaten aus der Dose.
Gib dazu, sei doch nicht dumm,
Knoblauch und Basilikum.
Heute Spaghetti...

3. Hans, der liebt die Bolognese,
streut sich darauf massig Käse.
Und das Neuste auf dem Tisch
sind Spaghetti mal mit Fisch.
Heute Spaghetti...

4. Uns're liebe kleine Liese
liebt Spaghetti mit Gemüse.
Klaus, der läßt es lieber weg,
ißt Spaghetti nur mit Speck.
Heute Spaghetti...

5. Uns're alte Tante Ilse
sucht so gerne frische Pilze;
kocht daraus ein Pilzragout,
viel Spaghetti gibt's dazu.
Heute Spaghetti...

6. Mußt vom Essen was verstehen,
mußt sie auf die Gabel drehen,
schnell zum Mund mit viel Geschick,
dann hast du beim Essen Glück.
Heute Spaghetti...

Spiel

Mitspieler	viele Kinder
Instrumente	fast alles, was in der Küche zu finden ist: Kochtöpfe, Topfdeckel, Bratpfannen, Besteck, Rasseln aus Yoghurtbechern/Kaffeedosen usw.
Aufstellung	Die Kinder stehen oder sitzen im Kreis; etwa jedes dritte Kind hat ein „Kücheninstrument“.
Spielverlauf	Die Strophen und der Refrain werden von allen gemeinsam gesungen. Den Refrain begleiten die Kinder mit den Kücheninstrumenten. Vor jeder neuen Strophe werden die Instrumente an die Nachbarn weitergereicht.
Variante	Namen im Liedtext werden durch Namen von Mitspielern ersetzt.
Hinweis	Die Form eines Kreises ist leichter zu halten, wenn die Plätze der Kinder markiert sind (Reifen, Tücher usw.).

S p a g h e t t i t a n z

Tänzer	viele Kinder	
Material	jeweils für drei Kinder ein Papp- oder Plastikteller	
Aufstellung	Die Teller liegen am Boden verteilt. Die Kinder stehen frei verteilt im Raum.	
Tanz	Vorspiel und Zwischenspiel (nach der 1. und 5. Strophe):	Alle Kinder schmatzen und reiben sich genüßlich den Bauch.
	Strophen:	Die Kinder tanzen frei im Raum um die Teller herum, ohne sie zu berühren.
	Refrain:	Jeweils 2 - 4 Kinder tanzen in Handfassung um einen Teller herum, eventuell bei jeder Strophe in anderer Gruppierung.

DIE FLIEGE ANNABELL

2. Ich flieg herum mit viel Gebrumm, ich bin die Fliege Annabell.
Lauf auf dem Tisch, flieg auf den Schrank, sitz auf der Nase von dem Frank.
Kuchen und Süßes, das schmeckt so fein, ich steck gleich meinen Rüssel rein.
Kuchen und Süßes, das schmeckt so fein, ich steck gleich meinen Rüssel rein.

3. Ich flieg herum mit viel Gebrumm, ich bin die Fliege Annabell.
Lauf auf dem Tisch, flieg auf den Schrank, sitz auf der Nase von dem Frank.
Ich kann gut fliegen, schnell wie der Wind, laß mich nicht fangen von dem Kind.
Ich kann gut fliegen, schnell wie der Wind, laß mich nicht fangen von dem Kind.

S p i e l

Mitspieler	die Fliege Annabell, ein Fliegenfänger, viele Kinder
Verkleidung	verschiedene Möglichkeiten: - Fliegen-Umhänger (Seite 101) - weiße Tücher als Flügel mit Sicherheitsnadeln an den Ärmeln befestigt, an die Arme gebunden oder in den Händen gehalten
Material	kleiner Tisch oder Hocker, selbstgebastelter Kuchen (Knete, Salzteig, bemalte Schachtel) oder echter Kuchen (der nach dem Lied an die Mitspieler verteilt wird), Fliegenklatsche
Aufstellung	Die Kinder stehen im Halbkreis um den kleinen Tisch (bzw. Hocker) mit dem Kuchen. Die Fliege Annabell und der Fliegenfänger warten etwas abseits.
Spielverlauf	Die Kinder im Halbkreis singen und beobachten während des ganzen Liedes die Fliege. Fliege Annabell und der Fliegenfänger gestalten die Strophen aus.

1. Strophe:		
Takt 1 - 8	*Ich flieg herum...*	Fliege Annabell fliegt vor dem Halbkreis hin und her.
Takt 9 - 16	*Hab zarte Flügel...*	Sie dreht sich und zeigt sich von allen Seiten.
2. Strophe:		
Takt 1 - 8	*Ich flieg herum...*	wie Strophe 1
Takt 9 - 16	*Kuchen und...*	Sie fliegt zum Tisch, steckt ihren Rüssel in den Kuchen und ißt davon.
3. Strophe:		
Takt 1 - 8	*Ich flieg herum...*	wie Strophe 1
Takt 9 - 16	*Ich kann gut...*	Der Fliegenfänger versucht vergeblich, die Fliege Annabell mit der Fliegenklatsche zu fangen.

Variante

Vor dem Lied, zwischen den Strophen und nach dem Lied summen alle Kinder im Halbkreis wie die Fliegen *(bss bss bss)* und schauen dabei schnell in alle Richtungen, als ob sie eine Fliege beobachten. Die Fliege Annabell und der Fliegenfänger warten währenddessen an ihrem Platz.

Fliegentanz

Tänzer	viele Fliegen		
Verkleidung	weiße Tücher als Flügel mit Sicherheitsnadeln an den Ärmeln befestigt, an die Arme gebunden oder in den Händen gehalten		
Aufstellung	Die Fliegen stehen frei im Raum verteilt.		
Tanz	Vorspiel:	Alle Fliegen hocken am Boden und schwirren mit den Flügeln. Am Ende des Vorspiels richten sie sich auf.	
	Strophen:	Alle Strophen werden gleich getanzt.	
	Beispiel 1. Strophe:		
	Takt 1 - 8	*Ich flieg herum...*	Die Fliegen fliegen frei durch den Raum.
	Takt 9 - 12	*Hab zarte Flügel...*	Sie drehen sich rechts herum am Platz und schwirren mit den Flügeln.
	Takt 13 - 16	*Hab zarte Flügel...*	Sie drehen sich links herum am Platz und schwirren mit den Flügeln.
	Zwischenspiele (nach der 1. und 2. Strophe):		Die Fliegen bleiben an ihrem Platz stehen und schwirren mit den Flügeln.
	Nachspiel:	Wie die Zwischenspiele; am Ende des Nachspiels gehen alle beim Leiserwerden der Musik in die Hocke.	

IGGI IGEL SUCHT EINEN FREUND

2. Kleiner Iggi Igel...
Der Kaktus, der Kaktus piekst genau wie du.
Kein Igel ist er leider, nimm Abschied und such weiter;
'nen Freund find'st du im Nu, 'nen Freund find'st du im Nu.

3. Kleiner Iggi Igel...
Die Distel, die Distel piekst genau wie du.
Kein Igel ist sie leider, nimm Abschied und such weiter;
'nen Freund find'st du im Nu, 'nen Freund find'st du im Nu.

4. Kleiner Iggi Igel...
Die Tanne, die Tanne piekst genau wie du.
Kein Igel ist sie leider, nimm Abschied und such weiter;
'nen Freund find'st du im Nu, 'nen Freund find'st du im Nu.

5. Kleiner Iggi Igel...
Die grüne Stachelbeere piekst genau wie du.
Kein Igel ist sie leider, nimm Abschied und such weiter;
'nen Freund find'st du im Nu, 'nen Freund find'st du im Nu.

6. Kleiner Iggi Igel...
Das bunte Nadelkissen piekst genau wie du.
Kein Igel ist es leider, nimm Abschied und such weiter;
'nen Freund find'st du im Nu, 'nen Freund find'st du im Nu.

7. Kleiner Iggi Igel...
Der Junge mit dem Igelkopf piekst genau wie du.
Kein Igel ist er leider, nimm Abschied und such weiter;
'nen Freund find'st du im Nu, 'nen Freund find'st du im Nu.

8. Kleiner Iggi Igel...
Die kleine hübsche Igelin piekst genau wie du.
Ein Igel ist's, ein zweiter, und du suchst nicht mehr weiter.
Was sagst du nun dazu, was sagst du nun dazu?

gesprochen: "Juhu"

Spiel

Mitspieler	Iggi Igel, eine Kastanie, ein Kaktus, eine Distel, eine Tanne, eine Stachelbeere, ein Nadelkissen, der Junge mit dem Igelkopf, eine kleine Igelin, viele Kinder
Verkleidung	Umhänger, auf denen die oben genannten stacheligen Wesen abgebildet sind (Seite 99)
Aufstellung	Alle Mitspieler stehen in Handfassung im Kreis; Iggi Igel steht in der Kreismitte.
Spielverlauf	Die Kinder im Kreis singen. Iggi Igel spielt die Strophen jeweils zusammen mit einem der stacheligen Wesen nach gleichem Muster. Nur die letzte Strophe wird anders gespielt.

Beispiel 1. Strophe (Kastanie):

Takt 1 - 8	*Kleiner Iggi Igel...*	Iggi Igel hockt traurig am Boden.
Takt 9 - 10	*Die Kastanie...*	Iggi Igel geht auf die Kastanie, die mit den anderen Kindern im Kreis steht, zu.
Takt 11 - 12	*piekst genau...*	Sie pieksen sich gegenseitig.
Takt 13 - 14	*Kein Igel...*	Sie ziehen die Schultern hoch. ("Da kann man nichts machen.")
Takt 15 - 16	*nimm Abschied...*	Sie winken sich zu, und Iggi Igel geht wieder in die Kreismitte zurück.
Takt 17 - 20	*'nen Freund...*	Iggi Igel geht suchend im Kreis hin und her.

Letzte Strophe:
Vom Anfang bis Takt 12 *(piekst genau wie du)* wie bisher. In Takt 13 - 14 *(Ein Igel ist's, ein zweiter)* holt Iggi Igel die kleine Igelin in den Kreis und tanzt mit ihr bis zum Ende des Liedes innerhalb des Kreises herum. Die anderen Kinder im Kreis begleiten den Tanz der beiden mit Klatschen. Nach dem Lied rufen alle: *Juhu!*

Varianten

- Nur Iggi Igel und die kleine Igelin kennen ihre Rollen; die anderen Umhänger werden verdeckt auf den Boden gelegt. Vor jeder Strophe deckt eines der Kinder einen Umhänger auf, hängt ihn sich um, und die entsprechende Strophe wird gesungen und gespielt.
- Es können weitere stachelige Wesen gesucht und neue Strophen erfunden werden.

I g e l t a n z

Tänzer	Iggi Igel, eine Kastanie, ein Kaktus, ein Nadelkissen, eine kleine Igelin		
Verkleidung	wie im Spiel		
Aufstellung	wie im Spiel		
Tanz	Vorspiel:	Alle warten.	
	Strophen:	Die Kinder im Kreis tanzen die 1. - 3. Strophe gleich; die 4. Strophe wird leicht abgewandelt (Klatschen schon ab Takt 13). Iggi Igel, die Kastanie, der Kaktus, das Nadelkissen und die kleine Igelin stellen den Liedinhalt dar.	
	Beispiel 1. Strophe		Kinder im Kreis:
	Takt 1 - 4	*Kleiner Iggi Igel...*	Sie gehen rechts herum im Kreis.
	Takt 5 - 8	*auch mit deinen...*	Sie gehen links herum im Kreis.
	Takt 9 - 16	*Die Kastanie...*	Sie bleiben stehen und schauen Iggi Igel und der Kastanie zu.
	Takt 17 - 20	*'nen Freund...*	Sie klatschen bis zum Ende der Strophe.
	4. Strophe:		
	Takt 1 - 4	*Kleiner Iggi Igel...*	Sie gehen rechts herum im Kreis.
	Takt 5 - 8	*auch mit deinen...*	Sie gehen links herum im Kreis.
	Takt 9 - 12	*Die kleine...*	Sie bleiben stehen und schauen Iggi Igel und der kleinen Igelin zu.
	Takt 13 - 20	*Ein Igel ist's...*	Sie klatschen bis zum Ende des Liedes.
	1. - 4. Strophe		Iggi Igel: Iggi Igel gestaltet die Strophen jeweils mit der Kastanie, dem Kaktus, dem Nadelkissen und der kleinen Igelin wie im Spiel aus.
Hinweis	Auf der CD/Cassette sind vier Strophen des Liedes zu hören. Die Tanzbeschreibung bezieht sich auf diese Auswahl.		

DAS AQUARIUM

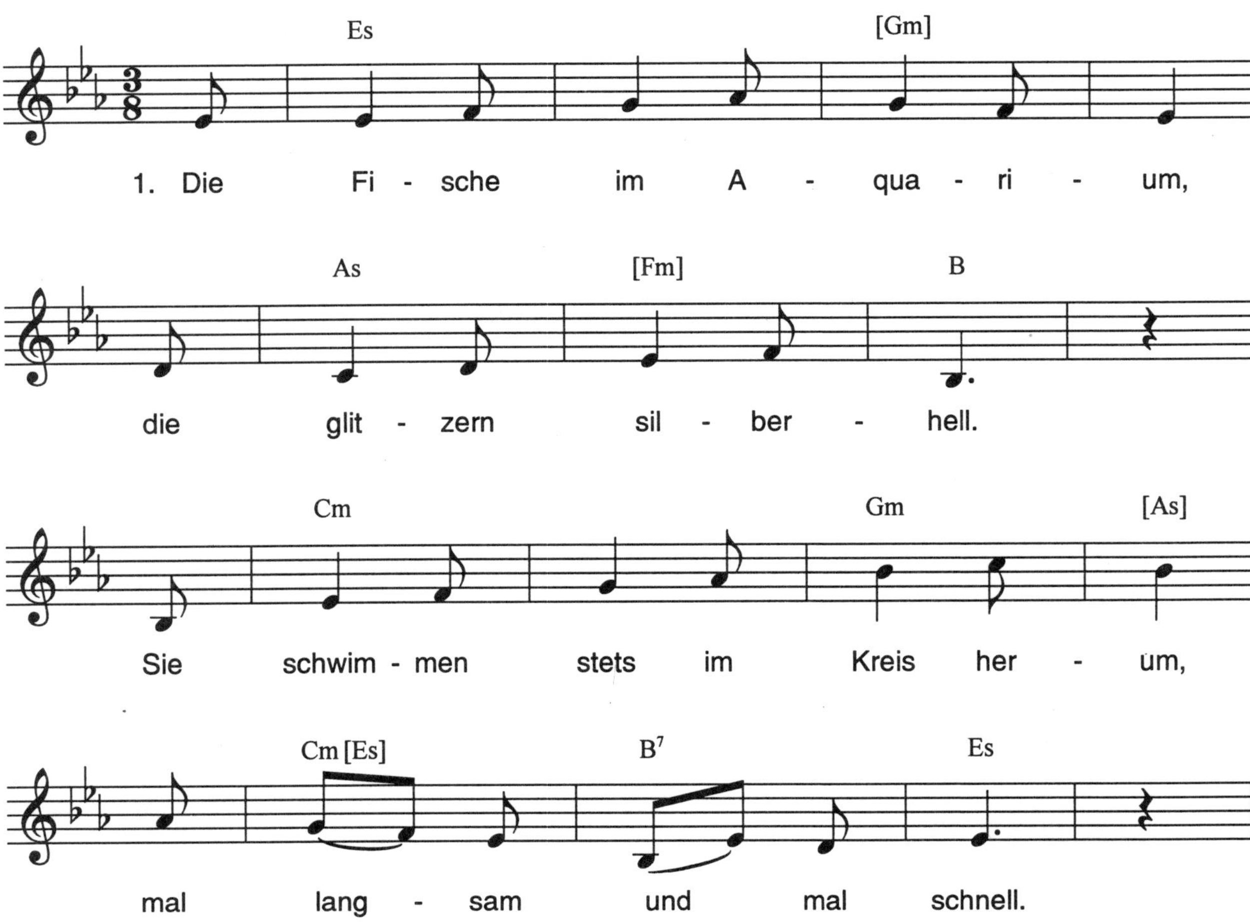

2. Bei Tag und Nacht, da schwimmen sie,
sie halten keine Ruh.
Sie gleiten still und machen nie
die Augen jemals zu.

3. Ich möchte im Aquarium
eins dieser Fischlein sein;
dann schwimm ich immer rundherum
und schlafe niemals ein.

S p i e l

Mitspieler	viele Fische, ein Kind (das die Fische beobachtet), Wasserpflanzen (viele Kinder)
Verkleidung	verschiedene Möglichkeiten: Fische: - Fisch-Umhänger (Seite 102) - Fische aus Fotokarton an den Händen befestigt (Seite 108) - bunte Tücher als Flossen an den Ärmeln mit Sicherheitsnadeln befestigt oder an die Arme gebunden Wasserpflanzen: - grüne Tücher, Stoffbänder oder Kreppapierstreifen mit Sicherheitsnadeln an der Kleidung befestigt - grüne T-Shirts
Aufstellung	Ein ausreichend großer Teil des Raumes wird zum Aquarium erklärt und mit Stühlen, Bänken, Seilen o.ä. markiert. Die Fische und Wasserpflanzen befinden sich im Aquarium; das Kind steht davor.
Spielverlauf	Die Wasserpflanzen singen und wiegen ihre Oberkörper leicht hin und her. Die Fische und das Kind stellen den Liedinhalt dar. 1. und 2. Strophe: Die Fische machen fließende Bewegungen, schwimmen im Kreis herum, schwimmen langsam und schnell und machen dabei große Augen; sie bewegen stumm ihre Fischmäuler. 3. Strophe: Das Kind steigt zu den Fischen ins Aquarium und schwimmt am äußeren Rand entlang; die Fische schließen sich ihm an.
Varianten	- Die Kinder überlegen, welche Instrumente und Spielweisen zu Fischen im Aquarium passen. Einige Kinder begleiten das Lied wie besprochen auf den gewählten Instrumenten. Kleinere Kinder spielen im Rhythmus frei. Mit älteren Kindern kann ein bestimmter Rhythmus vereinbart werden (z.B. pro Takt ein Schlag oder alle zwei Takte ein Schlag). - Das Lied wird mit "Fischglocken" begleitet. Dies sind kleine Glasflaschen, die mit Klanghölzern angeschlagen werden und nach Wunsch verziert werden können (Seite 109). - Bei einer Aufführung vor Publikum halten zwei Kinder eine große durchsichtige, eventuell bläulich getönte Plastikfolie vor das Aquarium und schwingen sie leicht hin und her. Dabei ist eine Verkleidung mit bunten Tüchern sehr wirkungsvoll.

T a n z   d e r   F i s c h e

Tänzer	viele Fische
Verkleidung	wie im Spiel
Aufstellung	Mit Kreide, Reifen oder Seilen wird ein großer Kreis als Aquarium am Boden gekennzeichnet. Alle Fische sind darin versammelt.
Tanz	Vorspiel, 2. Strophe und Nachspiel: Alle Fische bewegen sich frei im Aquarium.
	1. und 3. Strophe: Alle Fische fassen sich an den Händen und gehen im Kreis am inneren Rand des Aquariums entlang. Haben die Kinder Tonpapierfische an den Händen, gehen sie ohne Handfassung am Rand des Aquariums hintereinander her.
Hinweis	Um den Wechsel zwischen dem Vorspiel, den Strophen und dem Nachspiel deutlich zu machen, kann ein Zeichen auf einem Instrument gegeben werden. Das Instrument sollte im Klang zur Musik passen (Triangel, Glöckchen o.ä.).

G E I S T E R S T U N D E

2. Huh, ein weißer Schimmer,
matt erleuchten wir dein Zimmer.
Laß uns heute Nacht in Ruh,
halte deine Augen zu!

3. Huh, Gespensterlieder
hallen durch das Dunkel wider.
Tanzen im Gespensterkreis,
und die Ketten rasseln leis.

4. Huh, beim Geisterfeste
Nachtgespenster sind die Gäste.
Mitternacht ist unsre Zeit
und der Morgen noch so weit.

S p i e l

Mitspieler	viele Gespenster, ein Kind
Verkleidung	verschiedene Möglichkeiten: - Gespenster-Umhänger (Seite 101) - weiße Tücher mit Sicherheitsnadeln an der Kleidung befestigt - weiße Bettlaken als Gespensterkostüme; für kleinere Kinder weiße Kopfkissenbezüge
Material	ein Bett (Matte oder Wolldecke)
Instrumente	Ketten aus Metall, Rasseln, Küchenreiben, auf denen mit einem Löffel gekratzt wird, u.ä.
Aufstellung	Die Gespenster stehen frei im Raum verteilt. An einer Stelle im Raum liegt das Kind schlafend in seinem Bett; an einer anderen Stelle liegen die Ketten bzw. Instrumente am Boden.
Spielverlauf	Die Gespenster singen und stellen den Liedinhalt dar.

1. Strophe:	Alle Gespenster schweben frei durch den Raum.
2. Strophe:	Sie schweben um das schlafende Kind herum.
3. Strophe:	Einige Gespenster nehmen die Instrumente, bleiben damit am Platz stehen und machen Gespenstermusik. Die restlichen Gespenster schweben um die musizierenden Gespenster herum.
4. Strophe:	Alle Gespenster schweben wieder frei durch den Raum.

Varianten

- Für den Fall, daß gleichzeitiges Singen und Spielen zu schwierig ist, bildet ein Teil der Gruppe einen Gespensterchor.
- Die Gespenster singen und heulen schaurig zwischen den Strophen.

Gespenstertanz

Tänzer	viele Gespenster		
Verkleidung	wie im Spiel		
Aufstellung	Alle Gespenster stehen frei im Raum verteilt.		
Tanz	Vorspiel und alle Zwischenspiele:		Die Gespenster stehen an ihrem Platz und wiegen die Körper zur Musik sanft hin und her.
	Strophen:		Alle Strophen werden gleich getanzt.
	Beispiel 1. Strophe:		
	Takt 1 - 2	*Huh, zur Geisterstunde*	Die Gespenster heben ihre Arme langsam in einem großen Bogen erst nach vorn, dann nach oben und führen sie weiter in einem großen Bogen nach außen zum Körper hinunter.
	Takt 3 - 4	*fliegen wir...*	Sie schweben durch den Raum.
	Takt 5 - 6	*schweben durch...*	Sie drehen sich schwebend rechts herum am Platz.
	Takt 7 - 8	*unser Freund...*	Sie drehen sich schwebend links herum am Platz.

DIE KLEINE HEXE TRIXI

2. Du Besen, du sollst fliegen, hörst du den Hexenspruch?
Du sollst dich nicht verbiegen, sonst gehst du noch zu Bruch.
Hokuspokus...

3. Mein Haus, das sei aus Kuchen! Ich hexe, eins, zwei, drei.
Muß es nochmal versuchen: Mein Haus, das ist aus Brei.
Hokuspokus...

4. Verhext sei auch die Liese in eine kleine Maus!
Oh Schreck, sie ist ein Riese, da lauf ich schnell nach Haus.
Hokuspokus...

5. Die kleine Hexe Trixi, die muß noch üben viel,
dann wird sie Hexenmeisterin, das ist ihr großes Ziel.
Hokuspokus...

S p i e l

Mitspieler	die kleine Hexe Trixi, ein Besen (dargestellt von einem Kind), ein Hexenhaus (Zwei Kinder reichen sich die Hände und stellen mit den Armen das Dach dar.), die Liese (die in einen Riesen verzaubert wird), viele Hexen oder "Hexenhelfer"
Verkleidung	Alle Hexen/Hexenhelfer tragen Kopftücher, Hexenhüte oder struppige Perücken.
Material	ein Zauberstab für die Hexe Trixi (z.B. ein Bambusstock), ein Hocker für die Liese
Instrumente	je ein paar Klanghölzer für die Hexen und Hexenhelfer
Aufstellung	Alle Hexen und Hexenhelfer bekommen je ein Paar Klanghölzer und stellen sich im Halbkreis auf. Davor stehen etwas im Raum verteilt die Hexe Trixi mit dem Zauberstab, der Besen, das Hexenhaus und die Liese neben dem Hocker.
Spielverlauf	Die Hexen und Hexenhelfer singen. Den Refrain begleiten sie leise mit den Klanghölzern; sie helfen der Hexe beim Üben. Die anderen Kinder spielen die Handlung des Liedes.

1. Strophe:	Hexe Trixi macht große Bewegungen mit dem Zauberstab; sie übt das Hexen.
Refrain:	Hexe Trixi tanzt einen freien Hexentanz.
2. Strophe:	Hexe Trixi wendet sich dem Besen zu und verhext ihn. Der Besen verbiegt sich. (Das Kind, das den Besen darstellt, macht sich krumm.)
3. Strophe:	Hexe Trixi wendet sich dem Haus zu und verhext es. Das Haus zerfließt zu Brei. (Die Kinder, die das Haus darstellen, legen sich langsam hin.)
4. Strophe:	Hexe Trixi wendet sich der Liese zu und verhext sie. Liese wird zu einem Riesen. (Sie steigt auf den Hocker. Hexe Trixi läuft erschrocken weg.)
5. Strophe:	wie 1. Strophe

Variante	Im Refrain am Schluß tanzen alle Mitspieler zusammen mit der Hexe Trixi.

H e x e n t a n z

Tänzer	die kleine Hexe Trixi, viele Hexen		
Verkleidung	wie im Spiel		
Material	wie im Spiel, kein Hocker		
Aufstellung	Hexe Trixi steht in der Mitte des Raums und hält einen Zauberstab in der Hand. Die anderen Hexen verteilen sich locker um Hexe Trixi.		
Tanz	Vorspiel:		Alle warten.
	Strophen und Refrain:		Alle Strophen und der Refrain werden gleich getanzt.
	Beispiel 1. Strophe und Refrain:		
	Takt 1 - 8	*Der kleinen...*	Die Hexen tanzen humpelnd oder hopsend um die Hexe Trixi herum. Hexe Trixi bewegt den Zauberstab.
	Takt 9 - 12	*Hokuspokus...*	Alle - auch Hexe Trixi - tanzen "hexenmäßig" am Platz rechts herum.
	Takt 13 - 16	*Hokuspokus...*	Alle tanzen "hexenmäßig" am Platz links herum.

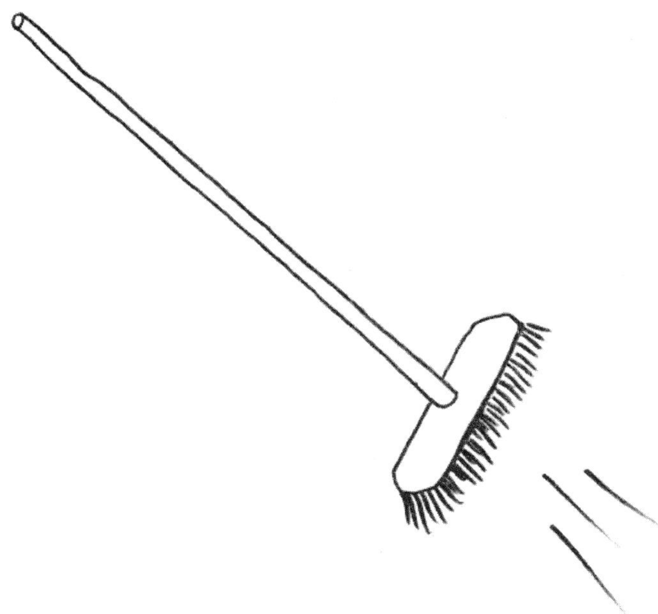

BANANEN-BOOGIE

2. Da kommt ein schwarzer Junge an,
der möcht an die Banane 'ran,
will haben die Banane,
banu - bano - Banane.

3. Er schüttelt an dem Palmenbaum,
darauf erfüllt sich prompt sein Traum:
Herab fällt die Banane,
banu - bano - Banane.

4. Ein frecher Affe, welch ein Schreck,
der nimmt ihm die Banane weg,
die leckere Banane,
banu - bano - Banane.

5. Der Junge denkt, das ist nicht schlimm,
da laufe ich woanders hin
und such mir 'ne Banane,
banu - bano - Banane.

6. Er findet einen and'ren Baum,
da hängt so hoch, man sieht sie kaum,
'ne leckere Banane,
banu - bano - Banane.

ab Strophe 3 wiederholen

Spiel

Mitspieler Palmen (einige Kinder), ein schwarzer Junge, ein Affe, die Dschungelband

Verkleidung verschiedene Möglichkeiten:

Palmen:
- Palmen-Umhänger (Seite 96)
- grüne Tücher, an der Kleidung (Oberkörper) mit Sicherheitsnadeln befestigt oder umgebunden
- grüne T-Shirts

schwarzer Junge:
- Umhänger (Seite 96)
- Maske (Seite 105)

Affe:
- Affen-Umhänger (Seite 96)
- Affenmaske (Seite 103)

Material für jedes Palmenkind ein Hocker oder Stuhl und eine Banane aus Pappe (Seite 111)

Instrumente Die Dschungelband spielt auf selbstgewählten Instrumenten. Trommeln und Rasseln sind besonders gut geeignet.

Aufstellung Die Palmenkinder stehen frei verteilt im Raum auf Hockern oder Stühlen und halten jeweils eine Banane in der Hand. Der schwarze Junge und der Affe warten am Rand. Die Dschungelband steht mit ihren Instrumenten als Gruppe zusammen.

Spielverlauf Die Dschungelband singt und begleitet bei jeder Strophe das *banu-bano-Banane* frei auf ihren Instrumenten. Die anderen Kinder spielen die Handlung des Liedes.

1. Strophe: Die Palmen bewegen sich leicht im Wind.
2. Strophe: Der schwarze Junge läuft zwischen den Palmen hindurch. Er bleibt bei einer Palme stehen und zeigt auf die Banane.
3. Strophe: Der Junge schüttelt an der Palme. Das Palmenkind läßt die Banane fallen, der Junge hebt sie auf.
4. Strophe: Der Affe kommt, nimmt dem Jungen die Banane aus der Hand und läuft weg.
5. Strophe: Der Junge läuft wieder zwischen den Palmen hindurch.
6. Strophe: Der Junge bleibt bei einer anderen Palme stehen und zeigt auf die Banane.

Die Strophen 3 - 6 werden so oft wiederholt, bis keine Banane mehr übrig ist.

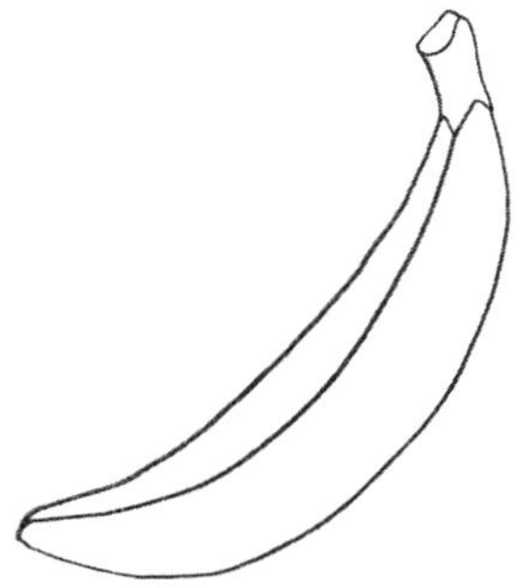

Bananentanz

Tänzer Es wird in Dreiergruppen getanzt. In jeder Gruppe gibt es eine Palme, einen schwarzen Jungen und einen Affen.

Verkleidung Umhänger (wie im Spiel)

Material für jede Dreiergruppe eine Banane aus Pappe (wie im Spiel) und einen Reifen

Aufstellung Die Reifen liegen frei verteilt auf dem Boden; in jedem liegt eine Banane. Jede Dreiergruppen steht um einen Reifen herum.

Tanz Der Tanz besteht aus drei Abschnitten mit gleichem Schema: Vorspiel, drei Strophen - 1. Zwischenspiel, drei Strophen - 2. Zwischenspiel, drei Strophen.

Beispiel für den ersten Abschnitt:

Vorspiel:	Die Dreiergruppen tanzen frei um ihre Reifen herum.
1. Strophe:	Das Palmenkind nimmt die Banane, stellt sich in den Reifen und tanzt frei mit der Banane in der Hand. Die beiden anderen Kinder stehen außen und klatschen dazu.
2. Strophe:	Das Palmenkind verläßt den Reifen. Der schwarze Junge nimmt die Banane und tanzt frei im Reifen. Die beiden anderen Kinder klatschen.
3. Strophe:	Der Affe nimmt die Banane und tanzt frei im Reifen. Die beiden anderen Kinder klatschen.

Varianten

- Die Kinder tanzen in einer anderen Reihenfolge mit der Banane im Reifen.
- Bei der Wiederholung des Tanzes werden die Umhänger getauscht.
- Ein/eine Tanzleiter/in bestimmt durch Zuruf die Reihenfolge der Tänzer mit der Banane.
- Es wird ein Trommelzeichen verabredet, das am Anfang der Strophen erklingt, z.B. einmal trommeln: Die Palme tanzt im Reifen; zweimal trommeln: schwarzer Junge; dreimal trommeln: Affe.
- Am Anfang der Strophen erklingen verschiedene Instrumente, z.B. Rassel: Die Palme tanzt im Reifen; Triangel: schwarzer Junge; Becken: Affe.
- In den Reifen liegen neben den Bananen jeweils zwei Instrumente, die leicht getauscht werden können, z.B. Rasseln, Glöckchen. Während ein Kind mit der Banane tanzt, spielen die beiden anderen Kinder auf den Instrumenten.

M Ä U S E G A L O P P

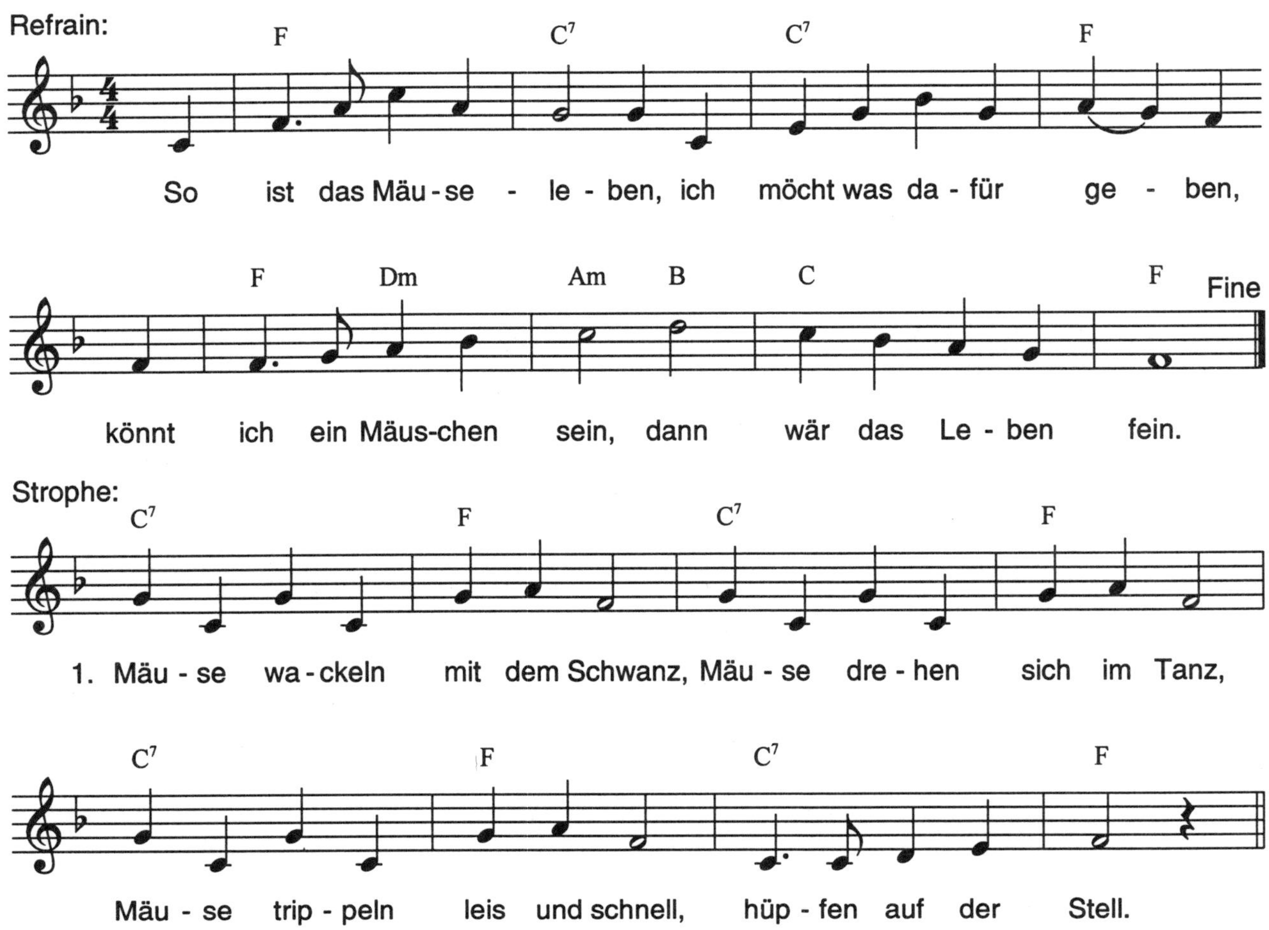

Refrain: So ist das Mäuseleben...

2. Mäuse putzen sich den Bart,
Mäuse piepsen leis und zart,
Mäuse essen gerne Speck,
huschen ins Versteck.

Refrain: So ist das Mäuseleben...

3. Mäuse werden abends müd,
Mäuse singen noch ein Lied,
Mäuse legen sich zur Ruh,
schlafen ein im Nu.

Refrain: So ist das Mäuseleben...

S p i e l

Mitspieler	viele Mäuse
Verkleidung	verschiedene Möglichkeiten: - Mäuse-Umhänger (Seite 102) - Mäusemasken (Seite 105) - Mäuseohren (Seite 107) - Seilchen, graue Bänder oder Schnüre als Mäuseschwänzchen
Material	ein Behälter (Kiste, Schachtel, Korb o.ä.)
Instrumente	eine Rassel für jede Maus
Aufstellung	In der Mitte des Raums liegt ein Behälter; darin befinden sich die Rasseln. Die Mäuse stehen um den Behälter herum.
Spielverlauf	Die Mäuse singen und stellen den Liedinhalt dar. Das Lied beginnt und endet mit dem Refrain.

Refrain:	Jede Maus nimmt sich eine Rassel und tanzt damit frei durch den Raum.
Strophen:	Die Mäuse legen am Anfang jeder Strophe die Rasseln wieder in den Behälter zurück und gestalten dann die Strophen aus.
1. Strophe:	Sie wackeln mit dem Schwanz (Seilchen o.ä.), drehen sich, trippeln und hüpfen auf der Stelle.
2. Strophe:	Sie putzen sich die Barthaare, piepsen, kauen und verstecken sich schnell.
3. Strophe:	Sie gähnen, singen, legen sich hin und schließen die Augen.
Refrain am Schluß:	Die Mäuse liegen mit geschlossenen Augen am Boden und singen ganz leise.

Variante	Es wird ein Mäusechor gebildet, der nur für das Singen zuständig ist. Diese Variante empfiehlt sich, wenn gleichzeitiges Singen und Bewegen für die Kinder zu schwierig ist.
Hinweis	Eventuell ist es notwendig, größere Pausen zwischen Refrain und Strophen zu machen, damit alle Kinder die Rasseln nehmen bzw. weglegen können.

M ä u s e t a n z

Tänzer	viele Mäuse	
Verkleidung	wie im Spiel	
Aufstellung	Die Mäuse stehen frei im Raum verteilt.	
Tanz	Vorspiel:	Alle warten.
	Refrain:	Die Mäuse tanzen frei durch den Raum.
	1. - 3. Strophe:	Die Mäuse gestalten die Strophen wie im Spiel aus.
	Refrain am Schluß:	Die Mäuse liegen mit geschlossenen Augen am Boden.

MATHESTUNDE

2. Das Addieren lern'n wir heute,
ist ganz leicht für alle Leute:
Eins plus eins, das weiß doch jeder,
sechs plus vier ist mir auch klar,
doch die Sarah und der Peter
rechnen neun plus zwölf sogar.

3. Subtrahieren ist schon schwerer,
das erklärt nochmal der Lehrer:
Deine Oma hat zwei Hüte,
einen nimmt sich die Mama.
Oma ruft: "Du meine Güte,
jetzt ist nur noch einer da!"

4. Einmaleins, das mußt du können,
noch im Schlaf die Zahlen nennen:
Sechs mal sechs ist sechsunddreißig,
zwei mal vier, ja das ist acht.
Übe alle Zahlen fleißig,
Einmaleins dann Freude macht.

5. Lernst du dann das Dividieren,
kann dir gar nichts mehr passieren:
Jakob hat vier Flummibälle,
soll sie teilen jetzt mit dir,
zwei kriegst du auf alle Fälle,
vier durch zwei, so rechnen wir.

6. wie 1. Strophe

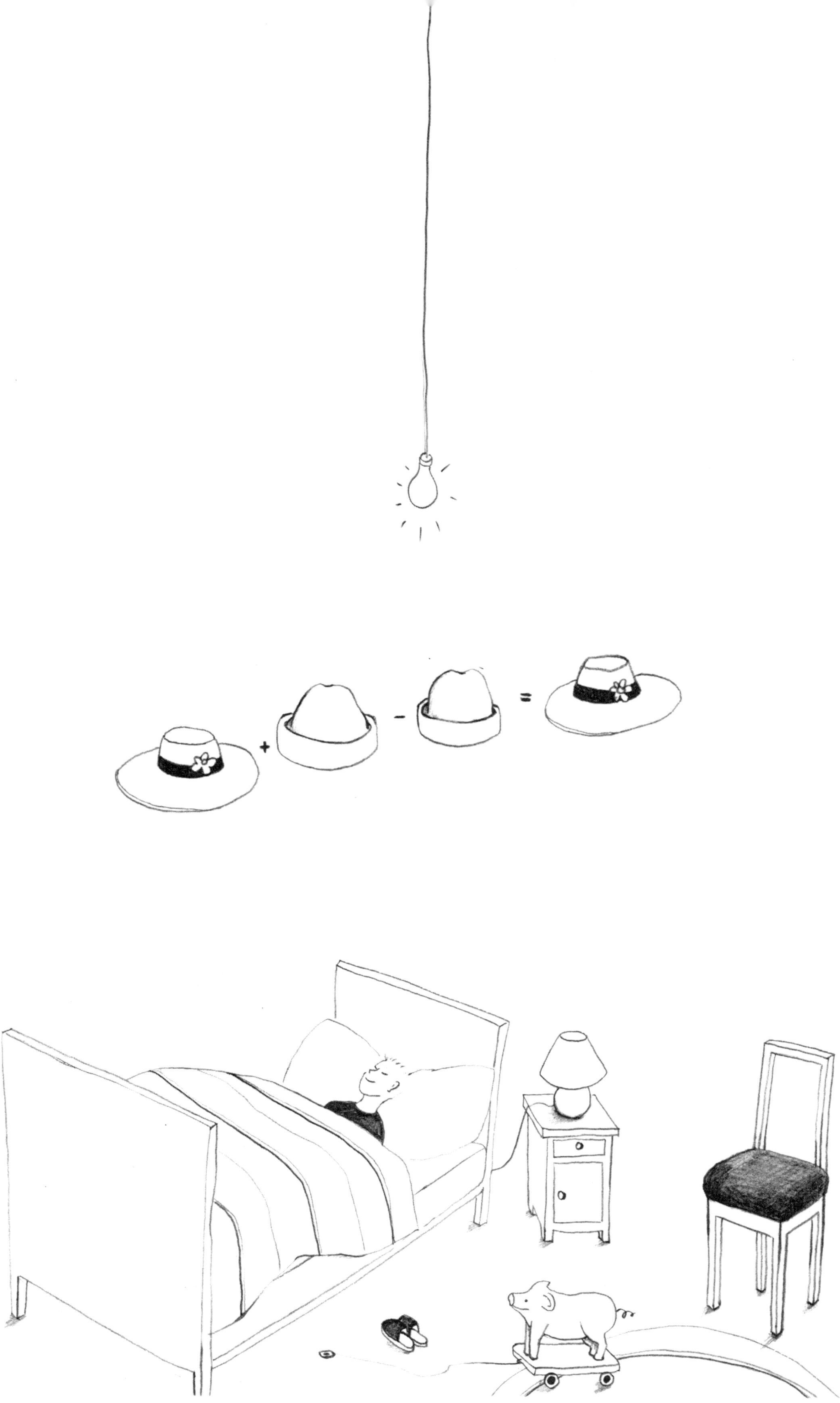

Spiel

Mitspieler	Lehrer/in, Oma, Mutter, Jakob, ein Kind, viele Schüler
Material	Tische, Stühle, Tafel, Kreide, zwei Hüte, vier Flummibälle
Aufstellung	Am besten kann man dieses Lied in einem Klassenzimmer spielen; ansonsten werden Tische, Stühle und Tafel wie in einem Klassenzimmer aufgestellt. Die Schüler sitzen an den Tischen. Der Lehrer steht vor der Tafel. Die Oma, die Mutter, Jakob und das Kind warten am Rande des Raumes.
Spielverlauf	Die Schüler singen; außerdem gestalten sie die 1. und 6. Strophe aus. Die anderen Mitspieler stellen in der 2. - 5. Strophe den Inhalt des Liedes dar.

1. Strophe:

Takt 1 - 4	*Mathestunde...*	Alle Schüler klopfen mit den Händen auf die Tischplatten, wenn möglich im Takt.
Takt 5	*Mal geht's rauf*	Sie heben die Arme.
Takt 6	*und mal geht's runter*	Sie senken die Arme.
Takt 7	*mal geht's hin*	Sie führen die Arme nach rechts.
Takt 8	*und mal geht's her*	Sie führen die Arme nach links.
Takt 9 - 12	*Ja, vom Rechnen...*	Sie klopfen bis zum Ende des Liedes wieder mit den Händen auf die Tischplatten.

2. Strophe:	Der/die Lehrer/in schreibt während der Strophe die Rechenaufgaben (1+1, 6+4, 9+12) an die Tafel.
3. Strophe:	Der/die Lehrer/in schreibt die Rechenaufgabe (2-1) an die Tafel. Die Oma und die Mutter kommen vor die Tafel; die Oma hält zwei Hüte in den Händen. Die Mutter nimmt der Oma einen Hut weg; die Oma macht ein erschrockenes Gesicht. Beide setzen einen Hut auf den Kopf und gehen wieder an ihre Plätze zurück.
4. Strophe:	Der/die Lehrer/in schreibt die Rechenaufgabe (6x6=36, 2x4=8) an die Tafel.
5. Strophe:	Der/die Lehrer/in schreibt die Rechenaufgabe (4:2) an die Tafel. Jakob und das Kind kommen vor die Tafel; Jakob hält vier Flummibälle in den Händen. Jakob gibt dem Kind zwei Bälle. Beide halten ihre Bälle hoch, um sie zu zeigen, und gehen wieder an ihre Plätze zurück.
6. Strophe:	wie 1. Strophe

Varianten

- Die 1. und 6. Strophe werden von den Schülern gesungen. Die 2. - 5. Strophe wird solistisch vorgetragen; in jeder Stophe ist ein anderes Kind der/die Lehrer/in. Die Oma singt in der 3. Strophe *Du meine Güte, jetzt ist nur noch einer da!* allein.
- Namen im Liedtext werden durch Namen von Mitspielern ersetzt.

Zahlentanz

Tänzer Rechenzeichen: Plus, Minus, Mal, Geteilt (vier Kinder), verschiedene Zahlen (viele Kinder)

Verkleidung Die Rechenzeichen und Zahlen werden auf verschiedene Pappschilder geschrieben. Die Kinder tragen sie an einem Band als Anhänger um den Hals.

Aufstellung Alle Rechenzeichen und Zahlen stehen in Handfassung im Kreis.

Tanz

Vorspiel:	Alle warten.
Strophen:	Alle Kinder im Kreis tanzen jede Strophe gleich. Die Rechenzeichen tanzen in der 2. - 5. Strophe einzeln nach dem gleichen Schema.

Beispiel 1. Strophe:		Kinder im Kreis:
Takt 1	*Mathestunde*	Alle machen einen Schritt nach vorn zur Kreismitte.
Takt 2	*Mathestunde*	Sie gehen wieder einen Schritt zurück.
Takt 3 - 4	*Zahlen machen...*	Sie lösen die Handfassung und drehen sich am Platz.
Takt 5	*Mal geht's rauf*	Sie heben die Arme.
Takt 6	*und mal geht's runter*	Sie senken die Arme.
Takt 7	*mal gehts hin*	Sie führen die Arme nach rechts.
Takt 8	*und mal geht's her*	Sie führen die Arme nach links.
Takt 9 - 12	*Ja, vom Rechnen...*	Sie gehen bis zum Ende der Strophe in Handfassung im Kreis.

Beispiel 2. Strophe:		Pluszeichen:
Takt 1 - 2	*Das Addieren...*	Das Pluszeichen löst sich aus dem Kreis und stellt sich in die Kreismitte.
Takt 3 - 8	*ist ganz leicht...*	Es macht die gleichen Bewegungen wie die Kinder im Kreis.
Takt 9 - 12	*doch die Sarah...*	Es dreht sich bis zum Ende der Strophe an seinem Platz in der Kreismitte und geht nach der Strophe wieder in den Kreis zurück.

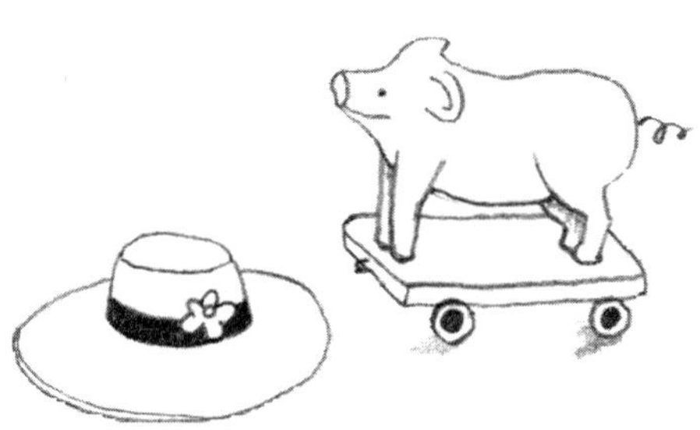

FAMILIE BÄR

2. Ich, Mutter Bär, bin groß und dick und schwer.
Ich gehe zu dem nahen Fluß,
weil ich dort Fische fangen muß.
Vater Bär...

3. Ich, Oskar Bär, bin bald schon groß und schwer.
Ich schlecke Honig aus dem Baum,
die Bienen stören mich da kaum.
Vater Bär...

4. Ich, Paula Bär, bin bald schon groß und schwer.
Ich sammle Pilze jeden Tag,
weil ich sie gerne essen mag.
Vater Bär...

5. Ich, Bruno Bär, bin bald schon groß und schwer.
Ich pflück' die Beeren von dem Strauch
und fülle damit meinen Bauch.
Vater Bär...

6. Ich, Emma Bär, bin bald schon groß und schwer.
Ich tanze gern im Kreis herum,
treib ich's zu toll, so fall ich um.
Vater Bär...

7. Ich, Anton Bär, bin bald schon groß und schwer.
Ich hops herum den ganzen Tag,
weil ich nicht stille sitzen mag.
Vater Bär...

8. Ich, Otto Bär, bin bald schon groß und schwer.
Ich brumme leise vor mich hin,
weil ich ein kleiner Brummbär bin.
Vater Bär...

9. Ich, Anna Bär, bin bald schon groß und schwer.
Ich schlafe in der Höhle drin,
weil ich die kleinste Bärin bin.
Vater Bär...

S p i e l

Mitspieler	Vater Bär, Mutter Bär, Oskar Bär, Paula Bär, Bruno Bär, Emma Bär, Anton Bär, Otto Bär, Anna Bär, Bärenorchester
Verkleidung	Bären-Umhänger in verschiedenen Größen (Seite 101) oder Bärenmasken (Seite 103)
Instrumente	beliebig
Aufstellung	Alle Bären stehen im Halbkreis.
Spielverlauf	Das Bärenorchester singt die Strophen und den Refrain; der Refrain wird auf den Instrumenten begleitet. Die Büreneltern und ihre Kinder treten jeweils bei ihrer Strophe aus dem Halbkreis hervor, stellen ihren Text pantomimisch dar und gehen am Ende der Strophe wieder an ihren Platz zurück.

1. Strophe:	Vater Bär stapft herum und zeigt sein dickes Fell.
2. Strophe:	Mutter Bär fängt Fische.
3. Strophe:	Oskar Bär schleckt Honig aus einem Baum und verjagt die Bienen.
4. Strophe:	Paula Bär sammelt Pilze und ißt sie auf.
5. Strophe:	Bruno Bär pflückt Beeren und ißt sie auf.
6. Strophe:	Emma Bär tanzt im Kreis herum und fällt zum Schluß hin.
7. Strophe:	Anton Bär hopst herum.
8. Strophe:	Otto Bär brummt leise.
9. Strophe:	Anna Bär legt sich hin und schläft. Sie bleibt bis zum Ende des Liedes liegen.

Variante	Die Kinder bringen Stoffbären von zu Hause mit und spielen damit das Lied nach. Eventuell werden die Bären nach Größen sortiert. Es kann eine Höhle gebaut werden.
Hinweis	Sollten nicht genug Mitspieler da sein, werden die beliebtesten Strophen ausgewählt und im Refrain *sieben Bärenkinder* durch *viele Bärenkinder* (wie auf der CD/Cassette) ersetzt.

Bärentanz

Tänzer	Vater Bär, Mutter Bär, Oskar Bär, Emma Bär, Bruno Bär, Anna Bär, viele Bären
Verkleidung	wie im Spiel
Aufstellung	Alle Bären stehen in Handfassung im Kreis.

Tanz

Vorspiel:		Alle warten.
Strophen und Refrain:		Die Bären im Kreis tanzen alle Strophen und den Refrain gleich. Familie Bär stellt den Inhalt des Liedes dar.
Beispiel 1. Strophe und Refrain		Bären im Kreis:
Takt 1 - 4	*Ich, Vater ...*	Sie gehen rechts herum im Kreis.
Takt 5 - 8	*Ich stapfe...*	Sie gehen links herum im Kreis.
Takt 9	*Vater Bär*	Sie stampfen mit dem rechten Fuß wie dicke Bären.
Takt 10	*Mutter Bär*	Sie stampfen mit dem linken Fuß wie dicke Bären.
Takt 11 - 12	*und viele...*	Sie drehen sich am Platz um sich selber.

Familie Bär:
In den Strophen treten jeweils die genannten Bären in der Reihenfolge Vater Bär, Mutter Bär, Oskar Bär, Emma Bär, Bruno Bär und Anna Bär in die Kreismitte und stellen ihre Strophen wie im Spiel angegeben dar. Im Refrain tanzen sie nach dem gleichen Schema wie die Bären im äußeren Kreis. Nach dem Refrain gehen sie wieder in den Kreis zurück; nur Anna Bär bleibt während des letzten Refrains bis zum Ende des Liedes schlafend in der Kreismitte liegen.

Hinweis

Auf der CD/Cassette sind sechs Strophen des Liedes in abgewandelter Reihenfolge zu hören. Die Tanzbeschreibung bezieht sich auf diese Auswahl.

D I E F Ü S S E P A T U N D P I T

In den weiteren Strophen wird das Wort "Laufen" durch andere Fortbewegungsarten ersetzt, z.B. Hüpfen, Schleichen, Stampfen, Gehen, Springen...

S p i e l

Mitspieler	viele Kinder
Material	Jedes Kind bekommt an das rechte Fußgelenk ein "Pat-" und an das linken Fußgelenk ein "Pit-Gesicht" gebunden (Seite 110).
Aufstellung	frei im Raum verteilt
Spielverlauf	Die Kinder singen und stellen die im Text genannten Bewegungsarten dar.

Beispiel 1. Strophe:

Takt 1 - 2	*Mein rechter Fuß heißt Pat*	Alle strecken den rechten Fuß vor.
Takt 3 - 4	*Mein linker Fuß heißt Pit*	Alle strecken den linken Fuß vor.
Takt 5 - 8	*Sie nehmen mich...*	Alle gehen kreuz und quer.
Takt 9 - 10	*Pat und Pit*	Alle bleiben stehen und zeigen mit dem Finger auf die Füße.
Takt 11 - 18	*die laufen...*	Alle laufen bis zum Ende des Liedes frei durch den Raum.

Varianten

- Ein Teil der Kinder bildet einen kleinen Chor. Diese Variante bietet sich an, wenn das gleichzeitige Bewegen und Singen für die Kinder zu schwierig ist.
- Ein Tanzleiter oder die Kinder schlagen neue Bewegungsarten vor (z.B. Trippeln, Schlurfen, Hinken, Trampeln).

P a t u n d P i t t a n z e n

Der Tanz wird genauso gestaltet wie das Spiel. Die Aufnahme auf der CD/Cassette enthält vier Strophen: 1. Laufen, 2. Hüpfen, 3. Schleichen, 4. Stampfen. Vor der 1. Strophe erklingt ein kurzes Vorspiel, bei dem alle Kinder warten.

INDIANERWEISE

2. Wollen heute den Büffel jagen, how, how, how.
Ihn gemeinsam nach Hause tragen, how, how, how.
Rote Feder, graues Auge...

3. Haben wir den Feind gefangen, how, how, how.
Muß er am Pfahl ums Leben bangen, how, how, how.
Rote Feder, graues Auge...

4. Höre nun, du Bleichgesicht, how, how, how.
Dieses Land gehört dir nicht, how, how, how.
Rote Feder, graues Auge...

5. Friedenspfeife woll'n wir rauchen, how, how, how.
Feindschaft können wir nicht brauchen, how, how, how.
Rote Feder, graues Auge...

Spiel

Mitspieler ein Indianerhäuptling, drei Indianerkinder (Rote Feder, Graues Auge, Kleine Squaw), die Häuptlingsfrau, zwei Büffelträger, der Feind (ein Cowboy), zwei Indianer (die den Feind an den Marterpfahl stellen), ein Indianer (der die Friedenspfeife bringt), viele Indianer mit Trommeln

Verkleidung Die Indianer tragen Indianerkostüme oder Federschmuck. Der Feind trägt ein Cowboykostüm oder nur einen Cowboyhut.

Material

Büffel:	Besenstiel, über den ein Fell oder eine Decke gehängt ist, an beiden Enden von den Büffelträgern waagerecht gehalten
Marterpfahl:	stabil aufeinandergestapelte Stühle oder Hocker, Kartenständer
Friedenspfeife:	Pfeife aus Pappe (Seite 111) oder echte Pfeife

Instrumente Trommeln

Aufstellung Alle Mitspieler stehen im Halbkreis. Die drei Indianerkinder und die Häuptlingsfrau stehen als Gruppe zusammen an einem Ende des Halbkreises. Der Marterpfahl befindet sich seitlich vor dem Halbkreis.

Spielverlauf Die Indianer mit den Trommeln spielen ein freies Trommelvorspiel. Dann singen sie das Lied und begleiten den Refrain frei aber leise auf ihren Trommeln. Die anderen Mitspieler gestalten die Strophen und den Refrain aus.

1. Strophe:	Der Häuptling kommt würdevoll nach vorn und setzt sich im Schneidersitz vor den Halbkreis.	
Refrain:	Die drei Indianerkinder und die Häuptlingsfrau fassen sich an den Händen.	
Takt 9 - 12	*Rote Feder...*	Sie tanzen rechts herum im Kreis.
Takt 13 - 16	*singen die...*	Sie tanzen links herum im Kreis.
2. Strophe:	Die Büffelträger tragen den Büffel vor dem Halbkreis herum und gehen am Ende der Strophe wieder an ihre Plätze zurück.	
3. Strophe:	Zwei Indianer stellen den Feind an den Marterpfahl und gehen danach wieder an ihre Plätze zurück.	
4. Strophe:	Der Häuptling erhebt sich, stellt sich vor den Feind und spricht mit ihm.	
5. Strophe:	Ein Indianer bringt dem Häuptling die Friedenspfeife. Der Häuptling befreit den Feind; sie rauchen abwechselnd die Friedenspfeife.	

Variante Die Indianer mit den Trommeln erfinden einen Trommelrhythmus, den sie als Vorspiel, zwischen den Strophen und als Nachspiel spielen.

I n d i a n e r t a n z

Tänzer	ein Indianerhäuptling, drei Indianerkinder (Rote Feder, Graues Auge, Kleine Squaw), die Häuptlingsfrau, viele Indianer
Verkleidung	wie im Spiel
Aufstellung	Der Indianerhäuptling sitzt im Schneidersitz in der Kreismitte. Um ihn herum bilden die drei Indianerkinder und die Häuptlingsfrau in Handfassung einen kleinen Kreis. Alle anderen Indianer stehen ohne Handfassung hintereinander im großen Kreis um die kleine Gruppe herum.
Tanz	Der Indianerhäuptling sitzt während des ganzen Tanzes in der Kreismitte.

Vorspiel und Zwischenspiel (nach der 2. Strophe):

		Die Indianer stampfen mit den Füßen auf der Stelle.
Strophen:		Die Indianer im großen Kreis tanzen, die Indianerkinder und die Häuptlingsfrau warten.
Beispiel 1. Strophe:		Indianer im großen Kreis:
Takt 1 - 2	*Starke Indianer...*	Die Indianer gehen rechts herum hintereinander her und bewegen die angewinkelten Arme nach vorn und hinten (rechter Arm vorn, linker Arm hinten, dann umgekehrt).
Takt 3 - 4	*how, how, how*	Sie bleiben stehen, kreuzen die Arme und verbeugen sich dreimal in Richtung zum Häuptling.
Takt 5 - 6	*Häuptling sitzt...*	wie Takt 1 - 2 aber links herum
Takt 7 - 8	*how, how, how*	wie Takt 3 - 4
Refrain:		Indianer im großen Kreis: Sie schwingen ihre Oberkörper leicht hin und her.
		Indianerkinder und die Häuptlingsfrau:
Takt 9 - 12	*Rote Feder...*	Sie gehen in Handfassung rechts herum im Kreis.
Takt 13 - 14	*singen die...*	Sie gehen links herum im Kreis.
Takt 15 - 16	*how, how, how*	Sie lösen die Handfassung und verbeugen sich wie die Indianer in den Strophen.

DIE KLEINE SCHNECKE

2. Ist alles naß vom Regen,
kann ich mich gut bewegen.
Ich kriech von Blatt zu Blatt
und ess' mich dick und satt.

3. Kommt dann ein Vogel, welch ein Schreck,
benutz mein Haus ich als Versteck.
Ich mache mich ganz klein,
dann pass' ich gut hinein.

S p i e l

Mitspieler	die kleine Schnecke, ein Vogel, Blätter (viele Kinder)
Verkleidung	verschiedene Möglichkeiten: Schnecke: - Schnecken-Umhänger (Seite 97) - ein großes Kissen oder eine Pappschachtel als Schneckenhaus (Das Kind, das die Schnecke darstellt, kriecht auf dem Bauch und trägt das Schneckenhaus lose oder mit einem Band befestigt auf dem Rücken.) Vogel: - Vogel-Umhänger (Seite 98) - Vogelmaske (Seite 104) - Federkrone (Seite 107) - bunte Tücher als Flügel an den Ärmeln mit Sicherheitsnadeln befestigt oder an die Arme gebunden Blätter: - Blätter-Umhänger (Seite 97) - grüne Tücher, an der Kleidung (Oberkörper) mit Sicherheitsnadeln befestigt oder umgebunden - grüne T-Shirts
Aufstellung	Die Blätter sitzen im Raum verteilt am Boden. Die Schnecke und der Vogel warten am Rand des Raums an verschiedenen Plätzen.
Spielverlauf	Die Blätter singen. Die Schnecke und der Vogel stellen den Liedinhalt dar. 1. Strophe: Die Schnecke kriecht zwischen den Blättern herum und zeigt stolz ihr Haus. 2. Strophe: Die Schnecke knabbert an verschiedenen Blättern. 3. Strophe: Der Vogel fliegt zur Schnecke und möchte sie fressen. Die Schnecke zieht den Kopf ein und macht sich rund. Trägt sie ein Kissen oder eine Schachtel auf dem Rücken, versteckt sie sich darunter. Der Vogel fliegt enttäuscht weg.
Varianten	Ein Kind spielt den Vogel, alle übrigen Kinder sind Schnecken. Der Vogel erhält ein Schlaginstrument, dessen Klang zum Wort *Schreck* paßt (z.B. Becken, Trommel). Die Schnecken gestalten das Lied wie oben beschrieben aus. Bei *Schreck* schlägt der Vogel kurz und laut auf sein Instrument; alle Schnecken ziehen gleichzeitig den Kopf ein und machen sich rund.

Schneckentanz

Tänzer	wie die Mitspieler im Spiel
Verkleidung	wie im Spiel
Aufstellung	Die Blätter stehen in Handfassung im Kreis. Die Schnecke liegt in der Kreismitte. Der Vogel wartet außerhalb des Kreises.

Tanz

Vorspiel und Zwischenspiel (nach der 2. Strophe):
Die Blätter bewegen sich am Platz sanft hin und her. Die Schnecke wartet in der Kreismitte.

Strophen: Die Blätter tanzen jede Strophe gleich. Die Schnecke und der Vogel gestalten die Strophen aus.

Beispiel 1. Strophe:		Blätter:
Takt 1 - 4	*Ich bin die...*	Sie gehen rechts herum im Kreis.
Takt 5 - 8	*ich trage...*	Sie gehen links herum im Kreis.

Schnecke und Vogel:

1. Strophe: Die Schnecke kriecht kreuz und quer im Kreis herum.
2. Strophe: Sie kriecht am Innenrand des Kreises entlang.
3. Strophe: Der Vogel fliegt durch eine Öffnung im Blätterkreis zur Schnecke und möchte sie fressen. Die Schnecke zieht den Kopf ein und macht sich rund. Trägt sie ein Kissen oder eine Schachtel auf ihrem Rücken, versteckt sie sich darunter. Der Vogel fliegt enttäuscht durch die Öffnung im Blätterkreis weg.

DAS ESELCHEN

2. Wackelig steht es im Gras,
fängt bald an zu traben.
So ein kleines Eselchen
möcht ich gerne haben.

3. Dreht sein Köpfchen hin und her,
schaut nach allen Seiten.
Wenn's ein großer Esel ist,
kann ich auf ihm reiten.

S p i e l

Mitspieler	ein Eselchen, Kind (das das Eselchen betrachtet), eine Wiese (viele Kinder; jedes Kind ist ein Grashalm)
Verkleidung	verschiedene Möglichkeiten: Eselchen: - Esel-Umhänger (Seite 98) - Eselsmaske (Seite 103) - Eselsohren (Seite 107) Grashalme: - grüne Tücher, Stoffbänder oder Kreppapierstreifen mit Sicherheitsnadeln an der Kleidung befestigt - grüne T-Shirts
Aufstellung	Die Grashalme sitzen am Boden verteilt; sie stellen die Wiese dar. Das Eselchen liegt mitten auf der Wiese. Das Kind wartet außerhalb der Wiese.
Spielverlauf	Die Grashalme singen. Das Eselchen und das Kind gestalten die Strophen aus. 1. Strophe: Das Eselchen steht vorsichtig auf. 2. Strophe: Das Eselchen wackelt auf seinen vier Beinen und macht vorsichtig ein paar Schritte. 3. Strophe: Das Eselchen dreht seinen Kopf hin und her. Das Kind kommt auf die Wiese und streichelt das Eselchen.
Hinweis	Ein besonderer Spaß ist es, wenn das Kind nach dem Lied eine Runde auf dem Eselchen reiten darf. (Vorsicht: das Eselchen sollte kräftig genug sein.)

Eselstanz auf der Wiese

Tänzer	ein Eselchen, viele Grashalme
Verkleidung	wie im Spiel (Ein schönes Bild ergibt sich, wenn grüne Tücher, Stoffbänder oder Kreppapierstreifen um die Handgelenke der Grashalme gebunden sind.)
Aufstellung	Alle Grashalme stehen in Handfassung im Kreis. Das Eselchen steht auf allen Vieren in der Kreismitte.

Tanz

Vorspiel:	Die Grashalme schwingen ihre Arme von außen nach innen hin und her. Das Eselchen wartet in der Kreismitte.	
Strophen:	Alle Strophen werden gleich getanzt.	

Beispiel 1. Strophe:

Takt 1 - 4	*Seht das kleine...*	Die Grashalme gehen rechts herum im Kreis. Das Eselchen läuft auf allen Vieren innerhalb des Kreises herum.
Takt 5 - 8	*Auf der Wiese...*	Die Grashalme gehen links herum im Kreis. Das Eselchen wackelt mit dem Kopf hin und her.
Nachspiel:	wie Vorspiel	

Hinweise

- Sollte der Richtungswechsel innerhalb einer Strophe für die kleineren oder im Tanzen ungeübten Kinder zu schnell erfolgen, wird die Richtung jeweils zwischen den Strophen gewechselt.
- Sollten nicht genug Kinder da sein, um in Handfassung den Umriß einer Wiese zu bilden, legt man einen großen Kreis aus Tüchern, Reifen o.ä. auf den Boden. Die Grashalme tanzen dann außerhalb des Kreises, ohne sich an den Händen zu fassen.

F R Ü H L I N G S L I E D

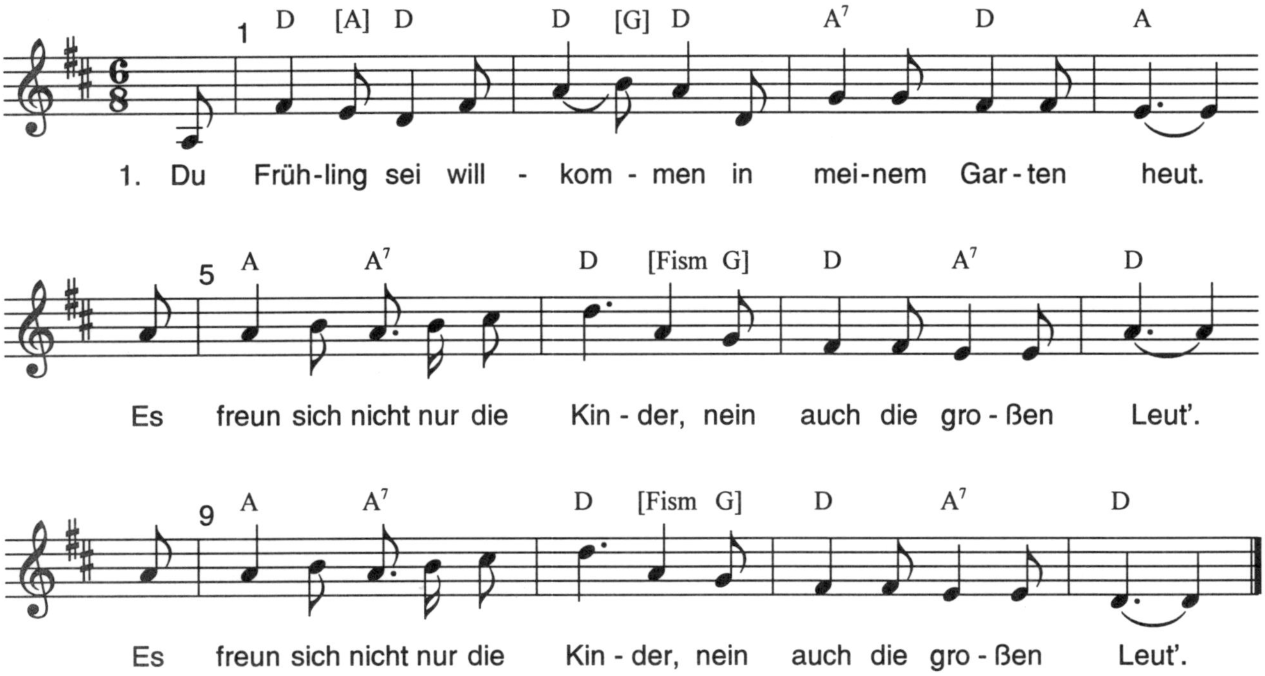

2. Du Blume auf der Wiese, du trägst dein buntes Kleid.
Ich hab dich lang nicht gesehen, nun kommt die Frühlingszeit.
Ich hab dich lang nicht gesehen, nun kommt die Frühlingszeit.

3. Du Vogel auf dem Baume, du singst dein Frühlingslied.
Ich hab dich lang nicht gehöret, nun sing ich fröhlich mit.
Ich hab dich lang nicht gehöret, nun sing ich fröhlich mit.

4. Du Sonne hoch am Himmel, du schickst dein warmes Licht.
Ich freu mich, daß du nun da bist; ich mag den Winter nicht.
Ich freu mich, daß du nun da bist; ich mag den Winter nicht.

S p i e l

Mitspieler	das "Frühlingskind", eine Blume, ein Vogel, die Sonne, viele Kinder

Verkleidung

verschiedene Möglichkeiten:

Blume:	- Blumen-Umhänger (Seite 97) - Blumenmaske (Seite 103) - Blumenkrone (Seite 106) - bunte Tücher als Blütenblätter am Halsausschnitt mit Sicherheitsnadeln befestigt
Vogel:	- Vogel-Umhänger (Seite 98) - Vogelmaske (Seite 104) - Federkrone (Seite 107) - bunte Tücher als Flügel an den Ärmeln mit Sicherheitsnadeln befestigt oder an die Arme gebunden
Sonne:	- Sonnen-Umhänger (Seite 97) - Sonnenmaske (Seite 104) - Sonnenkrone (Seite 107) - gelbes Tuch, um den Kopf gebunden

Aufstellung

Alle Mitspieler stehen in Handfassung im Kreis; sie bilden den Umriß des Gartens. Nur die Blume hockt zusammengekauert innerhalb des Kreises.

Spielverlauf

Die Kinder im Kreis singen. Das Frühlingskind, die Blume, der Vogel und die Sonne gestalten die Strophen aus.

1. Strophe:

Takt 1 - 4	*Du Frühling...*	Das Frühlingskind geht in die Kreismitte, bleibt dort stehen, stützt die Hände in die Hüften und dreht den Oberkörper hin und her.
Takt 5 - 8	*Es freun...*	Es dreht sich rechts herum am Platz.
Takt 9 - 12	*Es freun...*	Es dreht sich links herum am Platz.

2. Strophe:

Takt 1 - 4	*Du Blume...*	Die Blume richtet sich auf; das Frühlingskind reicht ihr beide Hände; sie stehen sich gegenüber und schwingen die Arme seitlich hin und her.
Takt 5 - 8	*Ich hab...*	Sie gehen in Handfassung rechts herum im Kreis.
Takt 9 - 12	*Ich hab...*	Sie gehen in Handfassung links herum im Kreis.

3. Strophe:		
Takt 1 - 4	*Du Vogel...*	Der Vogel fliegt in die Kreismitte und bildet zusammen mit dem Frühlingskind und der Blume einen kleinen Kreis. Zu dritt bleiben sie stehen und schwingen die Arme von außen nach innen hin und her.
Takt 5 - 8	*Ich hab...*	Sie gehen in Handfassung rechts herum im Kreis.
Takt 9 - 12	*Ich hab...*	Sie gehen in Handfassung links herum im Kreis.
4. Strophe:		Die Sonne geht in die Kreismitte. Zu viert (Frühlingskind, Blume, Vogel und Sonne) tanzen sie entsprechend der 3. Strophe.

Hinweis Sind nicht genug Kinder da, um einen ausreichend großen Kreis zu bilden, stehen die Kinder ohne Handfassung. Die Form eines Kreises ist dabei leichter zu halten, wenn am Boden Markierungen liegen.

Frühlingstanz

Tänzer wie die Mitspieler im Spiel

Verkleidung wie im Spiel

Aufstellung wie im Spiel

Tanz

Vorspiel und Strophen:		Das Vorspiel entspricht einer ganzen Strophe. Die Kinder im Kreis tanzen das Vorspiel und alle Strophen gleich. Frühlingskind, Blume, Vogel und Sonne gestalten die Strophen wie im Spiel aus.
Beispiel 1. Strophe:		Kinder im Kreis:
Takt 1 - 4	*Du Frühling...*	Die Kinder schwingen ihre Arme von außen nach innen hin und her.
Takt 5 - 8	*Es freun...*	Sie gehen rechts herum im Kreis.
Takt 9 - 12	*Es freun...*	Sie gehen links herum im Kreis.
Zwischenspiele (nach der 1. und 3. Strophe):		Alle Kinder stehen an ihrem Platz und wiegen die Oberkörper leicht zur Musik.

Variante In der 4. Strophe geht die Sonne außen um den Kreis herum. Körper- und Armhaltung stellen dabei das Leuchten der Sonne dar.

KLEINER STERN AM HIMMEL

2. Kleiner Stern am Himmel, schau herab,
weil ich heute die Laterne hab.
Ich und alle Kinder, wir ziehen durch die Nacht;
du und deine Brüder, ihr haltet für uns Wacht.

3. Kleiner Stern am Himmel, höre mich,
denn ich singe auch ein Lied für dich.
Deine Brüder tanzen dazu am Himmelszelt,
drehen sich im Kreise, weil's Lied so gut gefällt.

4. Kleiner Stern am Himmel, gute Nacht,
hast uns heute alle froh gemacht.
Du und deine Brüder sollt niemals müde sein,
sollt uns immer leuchten mit eurem hellen Schein.

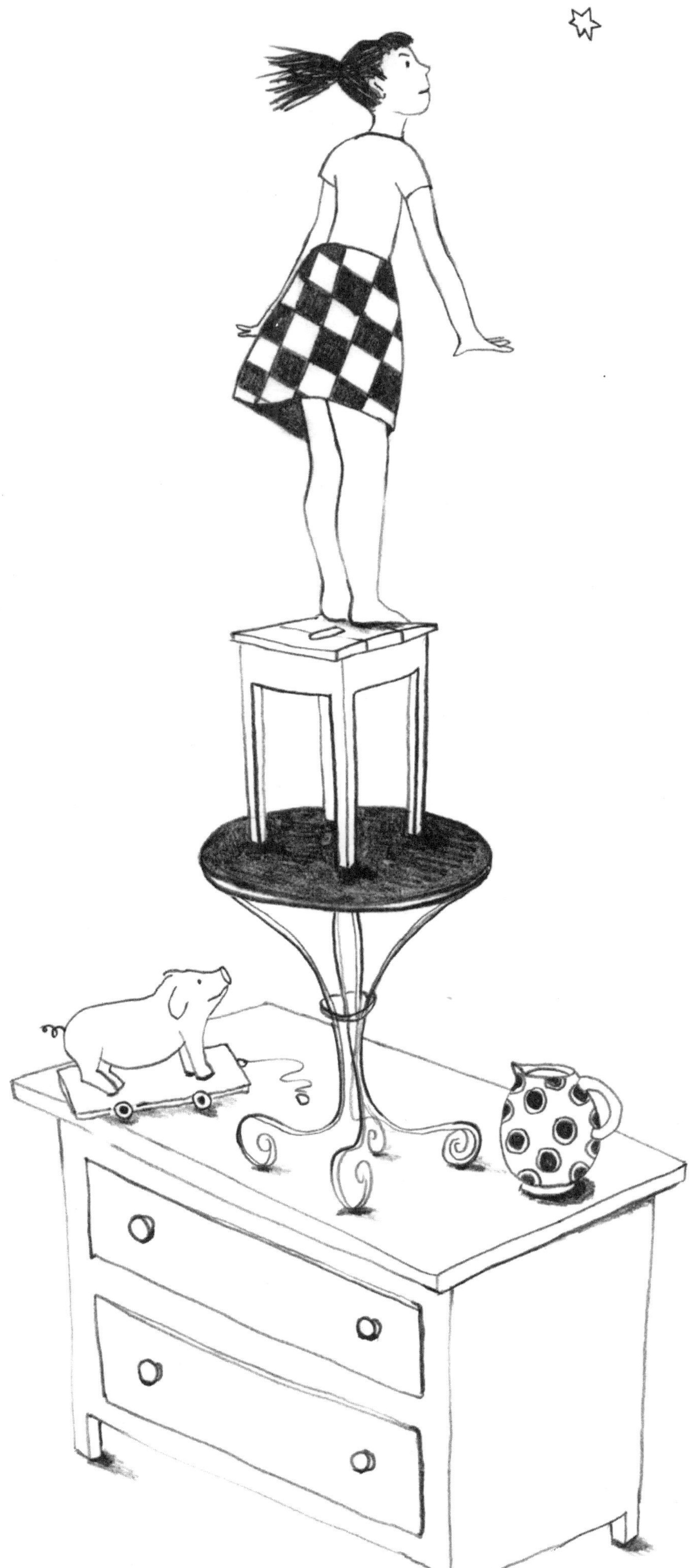

S p i e l

Mitspieler	drei Laternenkinder, der kleine Stern (ein Kind), Sterne (viele Kinder)
Verkleidung	verschiedene Möglichkeiten: - Stern-Umhänger (Seite 102) - Sternenmaske (Seite 105) - Sternenkrone (Seite 107) - Stern am Stab (Seite 111)
Material	eine Laterne für jedes Laternenkind, Bänke, Hocker oder Stühle
Aufstellung	Alle Sterne stehen auf Bänken, Hockern oder Stühlen im Halbkreis. Der kleine Stern steht in der Mitte des Halbkreises etwas höher als die anderen. Die Laternenkinder warten neben dem Sternenhalbkreis.
Spielverlauf	Die Laternenkinder und Sterne singen und spielen den Inhalt des Liedes.

1. Strophe:

Takt 1 - 6	*Kleiner Stern...*	Das erste Laternenkind stellt sich vor den kleinen Stern.
Takt 7 - 14	*Deine Brüder...*	Die Sterne machen funkelnde Bewegungen mit den Händen bzw. mit dem Stern am Stab.

2. Strophe:

Takt 1 - 6	*Kleiner Stern...*	Das zweite Laternenkind stellt sich vor den kleinen Stern und zeigt ihm stolz seine Laterne.
Takt 7 - 14	*Ich und alle...*	Die drei Laternenkinder gehen gemeinsam in einem kleinen Laternenumzug vor dem Sternenhalbkreis entlang.

3. Strophe:

Takt 1 - 6	*Kleiner Stern...*	Das dritte Laternenkind stellt sich vor den kleinen Stern.
Takt 7 - 14	*Deine Brüder...*	Die Sterne drehen sich langsam auf ihren Plätzen.

4. Strophe:

Takt 1 - 6	*Kleiner Stern...*	Die drei Laternenkinder stellen sich gemeinsam vor den kleinen Stern und bleiben bis zum Ende des Liedes dort stehen.
Takt 7 - 14	*Du und Deine...*	Die Sterne machen wieder funkelnde Bewegungen wie in der 1. Strophe.

S t e r n e n t a n z

Tänzer	viele Sterne
Verkleidung	wie im Spiel, aber ohne die Sterne am Stab
Aufstellung	Jeweils 4 - 6 Kinder bilden einen Sternenkreis (ohne Handfassung). Die Kreise stehen im Raum verteilt.
Tanz	Vorspiel, Zwischenspiel (nach der 2. Strophe) und Nachspiel: Alle Sterne drehen sich an ihrem Platz.

Strophen: Die Sterne tanzen alle Strophen gleich.

Beispiel 1. Strophe:

Takt 1 - 2	*Kleiner Stern...*	Sie gehen in Handfassung rechts herum.
Takt 3	*habe acht*	Sie tippen dreimal mit den Füßen auf der Stelle.
Takt 4 - 5	*leuchte mir...*	Sie gehen in Handfassung links herum.
Takt 6	*Nacht*	Sie bleiben am Platz stehen.
Takt 7 - 8	*Deine Brüder...*	Sie lösen die Handfassung, machen vier Schritte zur Kreismitte und heben dabei langsam die Arme.
Takt 9 - 10	*Helfen dir...*	Sie gehen wieder vier Schritte zurück und senken die Arme langsam.
Takt 11 - 12	*daß am...*	wie Takt 7 - 8
Takt 13 - 14	*groß Gefunkel...*	wie Takt 9 - 10

Variante: Tanz der Laternen: Mehrere Laternenkinder spielen mit. Während einer Strophe geht um jeden Sternenkreis je ein Kind mit einer Laterne herum. Nach jeder Strophe tauschen die Laternenkinder ihre Plätze. Im Vor-, Zwischen- und Nachspiel warten die Laternenkinder an ihrem Platz.

W I E G E N L I E D   D E R   T I E R E

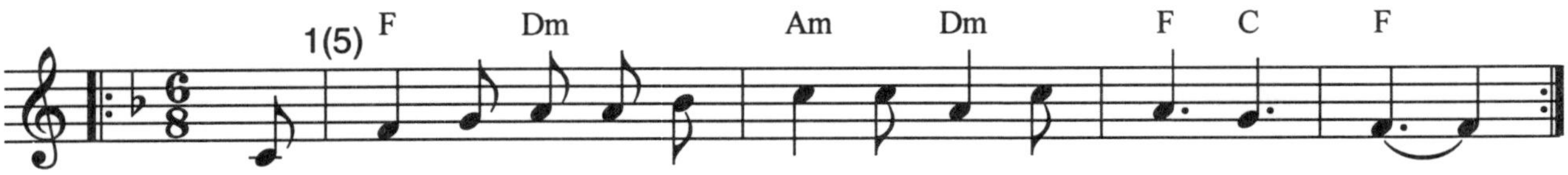

1. Die Tie - re sin-gen dem Je - sus-kind ein Wie - gen - lied.
Sie ge - hen al - le zur Krip - pe hin und sin - gen mit:

Schlaf ein, schlaf ein, schlaf ein, schlaf ein, du lie - bes Je - sus - kind.

2. Die Tiere singen dem Jesuskind ein Wiegenlied.
Die Katze schleicht zur Krippe hin und singt leise mit:
Miau, miau, miau, miau, du liebes Jesuskind.
Miau...

3. Die Tiere singen dem Jesuskind ein Wiegenlied.
Der Hund, der geht zur Krippe hin und singt leise mit:
Wau-wau, wau-wau, wau-wau, wau-wau, du liebes Jesuskind.
Wau-wau...

4. Die Tiere singen dem Jesuskind ein Wiegenlied.
Der Esel trabt zur Krippe hin und singt leise mit:
Ia, ia, ia, ia, du liebes Jesuskind.
Ia...

5. Die Tiere singen dem Jesuskind ein Wiegenlied.
Die Kuh, die geht zur Krippe hin und singt leise mit:
Muh-muh, muh-muh, muh-muh, muh-muh, du liebes Jesuskind.
Muh-muh...

6. Die Tiere singen dem Jesuskind ein Wiegenlied.
Der Vogel fliegt zur Krippe hin und singt leise mit:
Piep-piep, piep-piep, piep-piep, piep-piep, du liebes Jesuskind.
Piep-piep...

S p i e l

Mitspieler eine Katze, ein Hund, ein Esel, eine Kuh, ein Vogel, viele Kinder

Verkleidung verschiedene Möglichkeiten:
- Tier-Umhänger (ab Seite 98)
- Tiermasken (ab Seite 103)
- Ohren für Katze, Hund und Esel; Hörner für die Kuh; Federkrone für den Vogel (ab Seite 106)

Material eine Krippe (kleine Kiste, Korb, umgedrehter kleiner Hocker)

Aufstellung Alle Kinder und die fünf Tiere stehen im Halbkreis um die Krippe.

Spielverlauf Die Kinder singen; die Tiere gestalten die Strophen aus.

1. Strophe:	Alle stehen an ihrem Platz.
Alle weiteren Strophen:	Jedes Tier stellt sich während seiner Strophe neben die Krippe und geht am Ende der Strophe wieder in den Halbkreis zurück.

Varianten
- Maria und Josef sitzen neben der Krippe.
- Die Kinder verkleiden sich als Tiere nach eigener Wahl. Der Text wird entsprechend angepaßt, z.B. Bär: *brumm-brumm*, Frosch: *quak-quak*, Pinguin: *ping-ping*.
- Bei vielen Mitspielern empfiehlt es sich, Gruppen gleicher Tiere zu bilden, die gemeinsam zur Krippe gehen.
- Die genannten Tiere singen ihre Tierlaute (*miau, wau-wau*) allein.
- Am Ende des Liedes wird die erste Strophe wiederholt. Alle Tiere gehen gemeinsam zur Krippe und singen gleichzeitig, jedes in seiner eigenen Tiersprache. (Diese Variante ist schwierig und nur für größere Kinder geeignet.)
- Die Kinder sind nicht verkleidet, sondern bringen Stofftiere von zu Hause mit. Die jeweils in den Strophen genannten Tiere werden an der Krippe abgestellt und bleiben bis zum Ende des Liedes dort stehen.

T a n z   u m   d i e   K r i p p e

Tänzer wie die Mitspieler im Spiel

Verkleidung wie im Spiel

Material wie im Spiel

Aufstellung Die Kinder und alle Tiere stehen in Handfassung im Kreis. Die Krippe steht in der Kreismitte.

Tanz Vorspiel und Zwischenspiel (nach der 3. Strophe):
Alle warten.

Strophen: Die Kinder im Kreis tanzen jede Strophe gleich. Die Tiere gestalten jeweils die 2. - 6. Strophe aus.

Beispiel 1. Strophe:		Kinder im Kreis:
Takt 1 - 4	*Die Tiere singen...*	Sie gehen rechts herum im Kreis.
Takt 5 - 8	*Sie gehen alle...*	Sie gehen links herum im Kreis.
Takt 9 - 16	*Schlaf ein...*	Sie bleiben stehen und wiegen ihre Körper sanft hin und her.

2. - 6. Strophe: Tiere:
Jedes Tier tanzt während seiner Strophe in charakteristischer Weise um die Krippe herum. Die Katze tanzt schleichend, der Hund schnüffelnd, der Esel trabend, die Kuh schwerfällig, der Vogel flatternd. Jedes Tier geht am Ende seiner Strophe wieder in den Kreis zurück.

Nachspiel: Alle Kinder und Tiere im Kreis gehen zur Krippe und knien sich bis zum Ende der Musik um die Krippe herum hin.

Variante Alle Strophen, Takt 9 - 16 *(Schlaf ein... / Miau... / Wau-wau... usw.)*: Die Kinder im Kreis lösen die Handfassung und bewegen die Arme, als wollten sie ein Baby in den Schlaf wiegen.

U m h ä n g e r

Umhänger sind kleine Schilder aus Pappe, die die Kinder an einem Band um den Hals tragen. Auf den folgenden Seiten finden Sie Kopiervorlagen für alle Umhänger, die in den Liedern verwendet werden. Sie werden vergrößert kopiert, auf Pappe aufgeklebt und ausgemalt.

Affe

schwarzer Junge

Palme

Schnecke

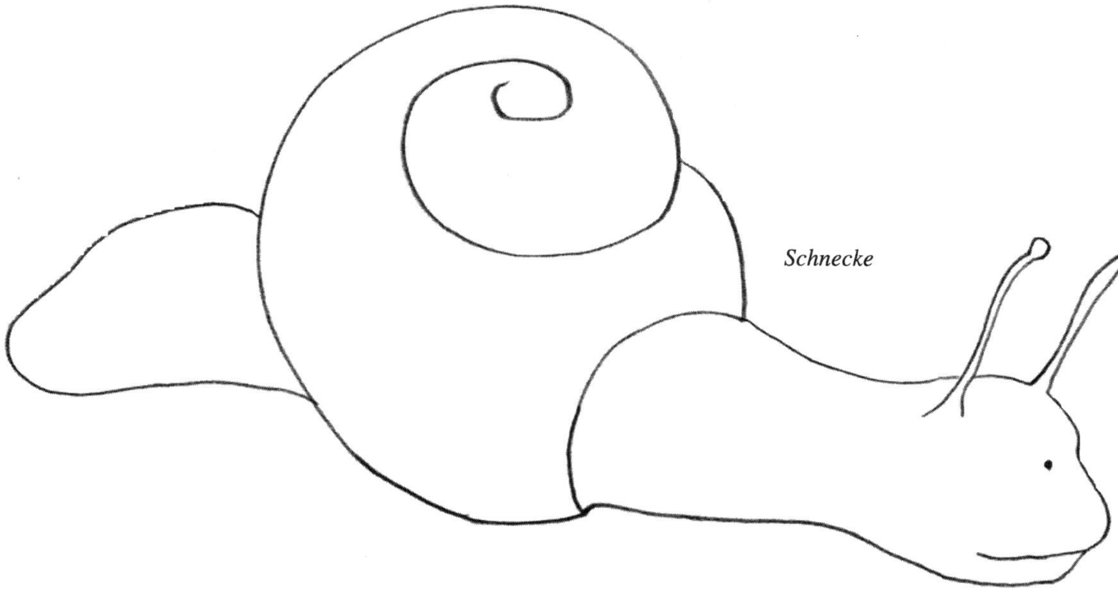

Sonne

Blume

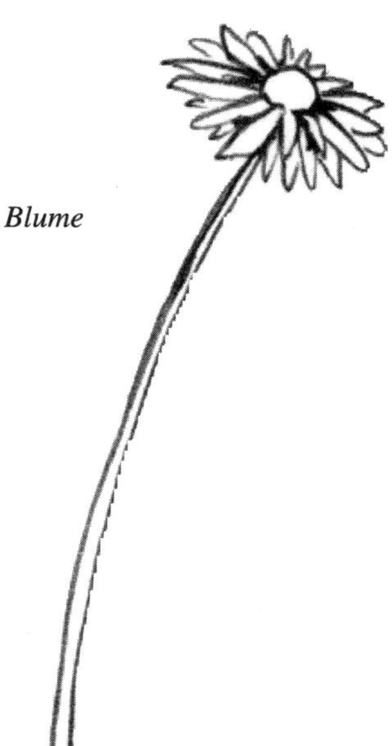

Blatt

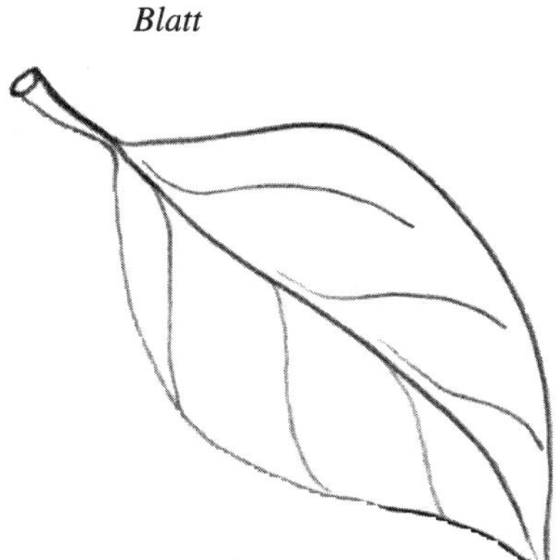

Vogel

Hund

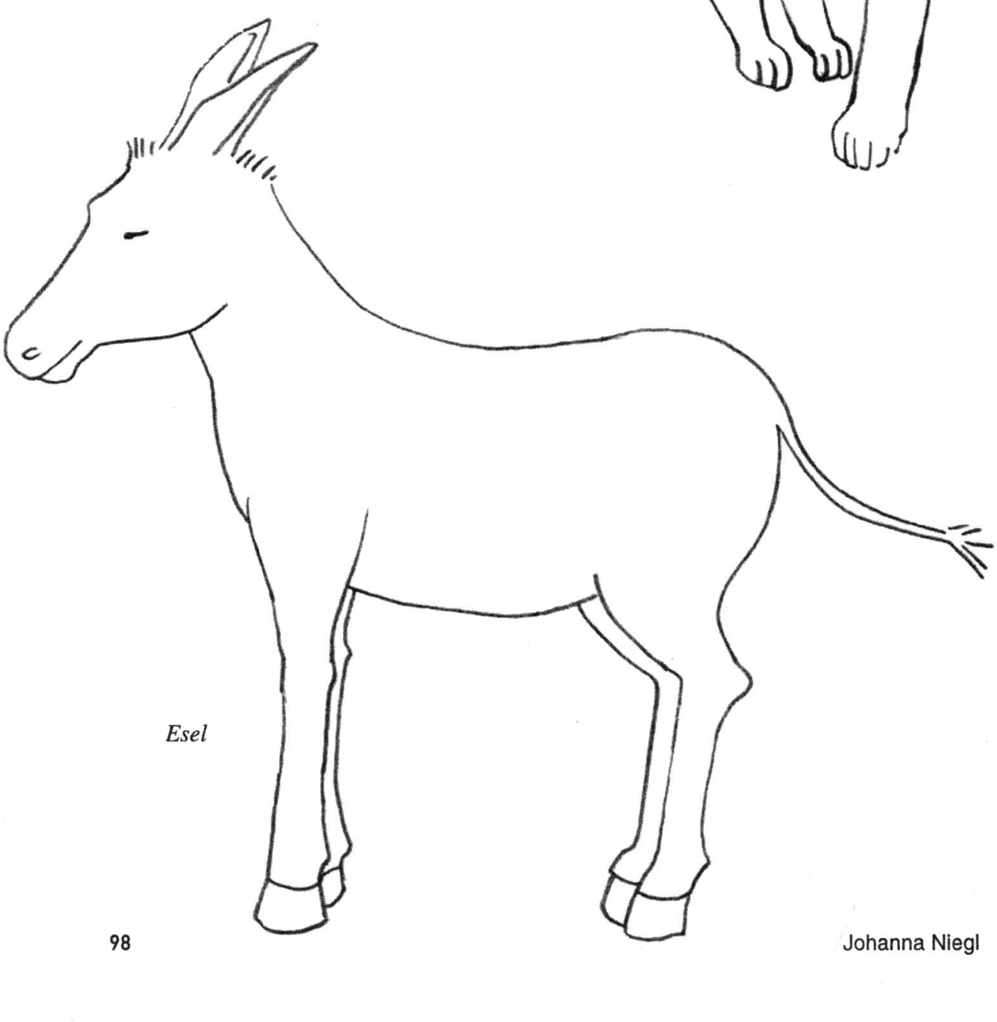

Esel

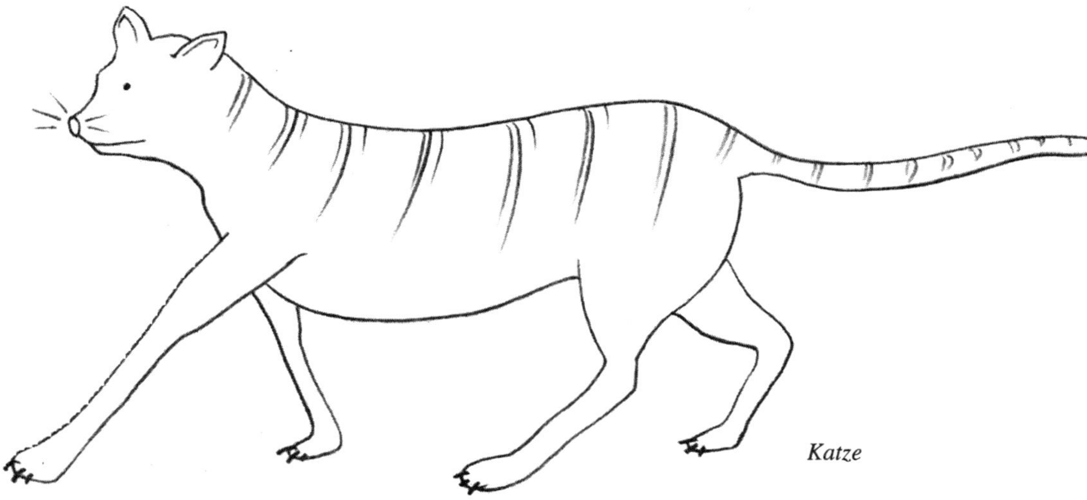

Katze

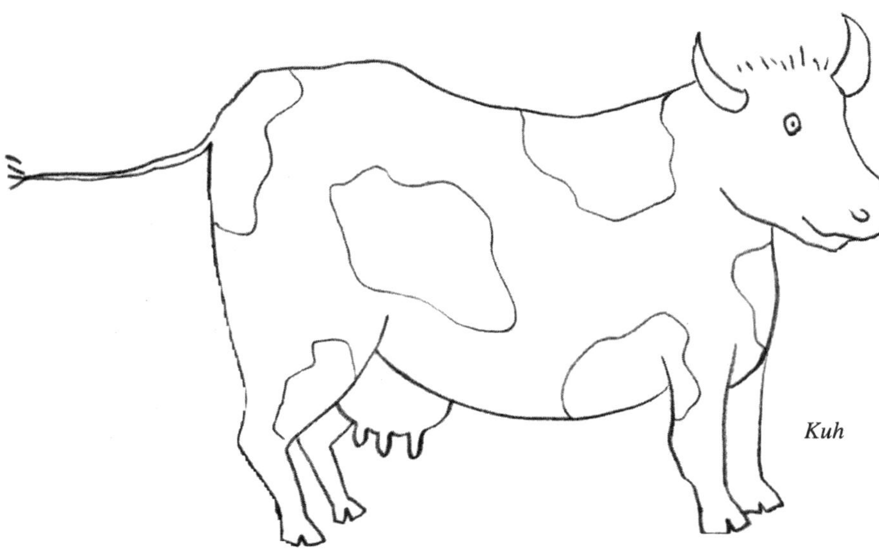

Kuh

Igel

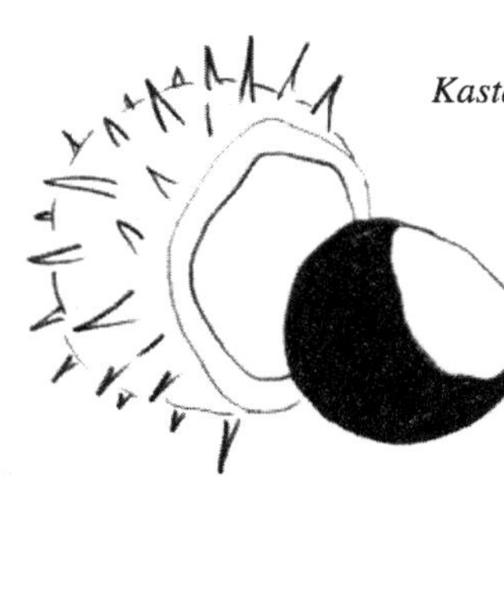

Kastanie

Kaktus

Nadelkissen

Stachelbeere

Distel

Junge mit Igelkopf

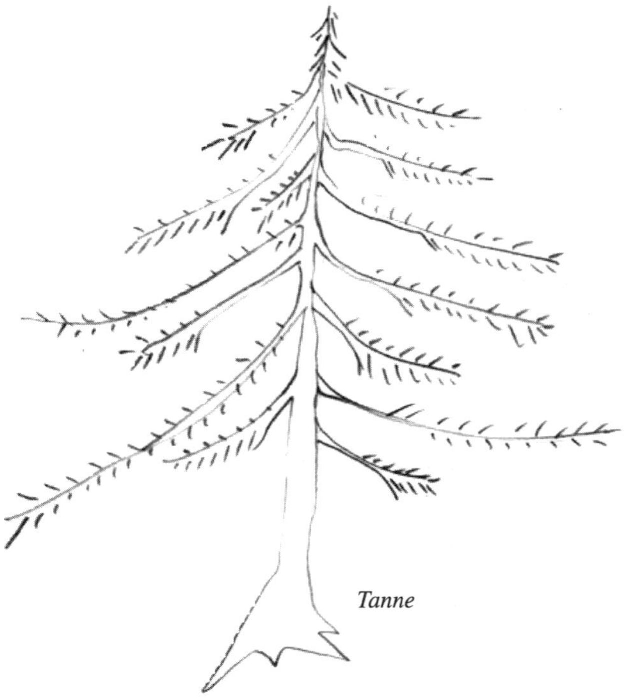

Tanne

Gespenst

Regentropfen

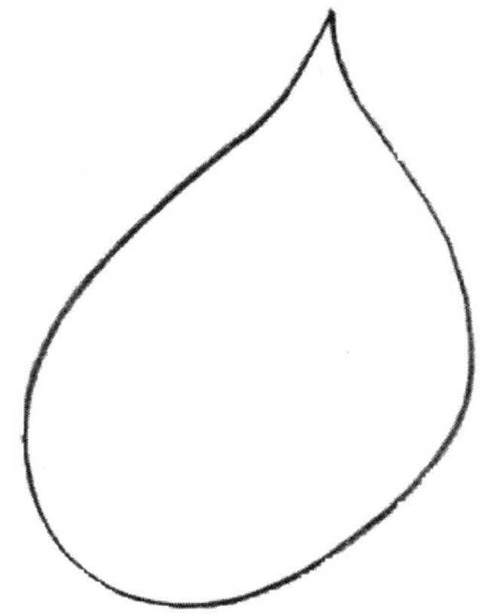

Fliege

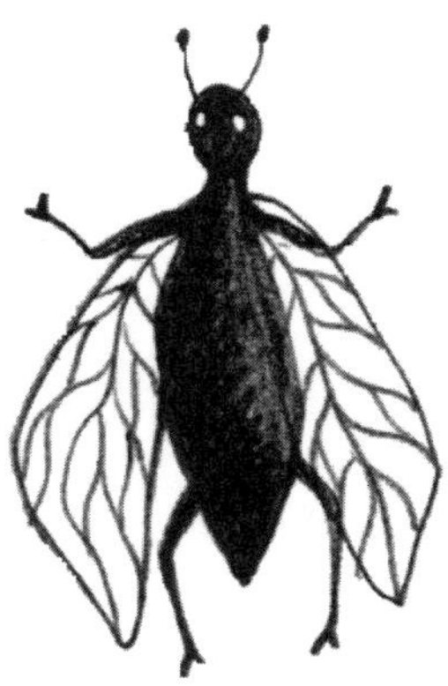

Bär/Gummibär

Ente

Krokodil

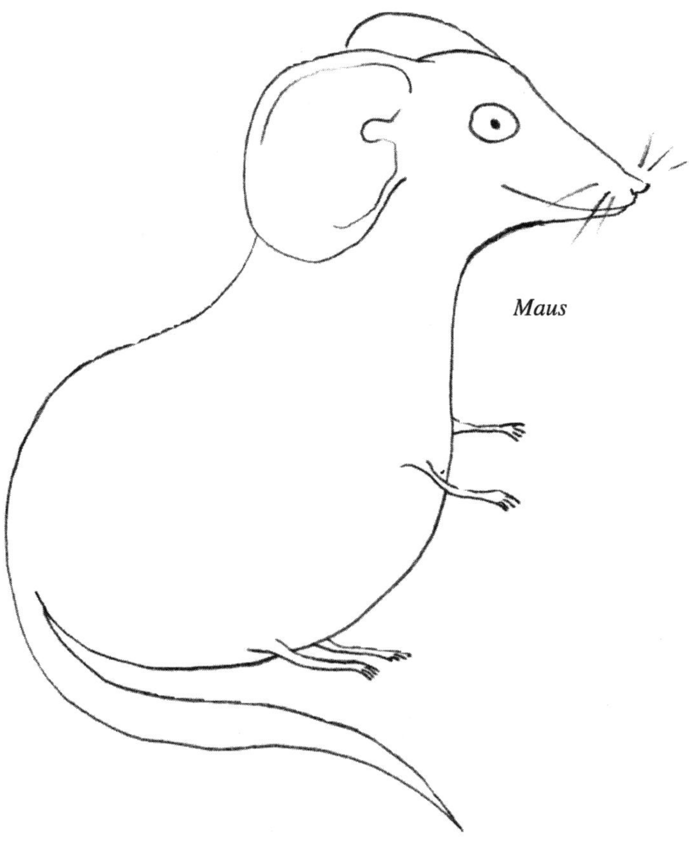

Maus

Stern

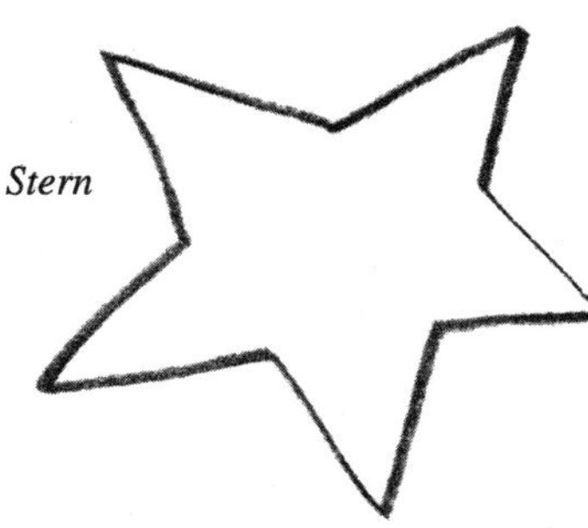

Fisch

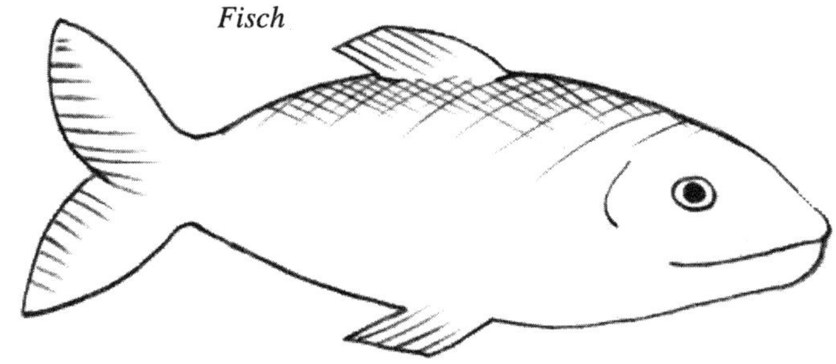

Masken

Hier finden Sie Vorlagen für alle Masken, die in den Liedern verwendet werden. Die meisten Masken sind ganz einfach aus Papptellern herzustellen. Die Vorlagen können auch vergrößert kopiert, auf Pappe aufgeklebt, ausgemalt oder als Umriß-Schablone für farbigen Fotokarton benutzt werden.

Affe

Bär/Gummibär

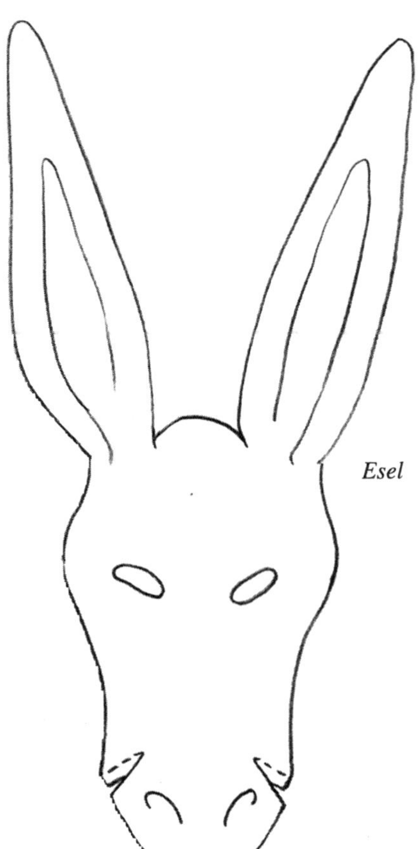

Esel

Blume

Katze

Hund

Sonne

Vogel

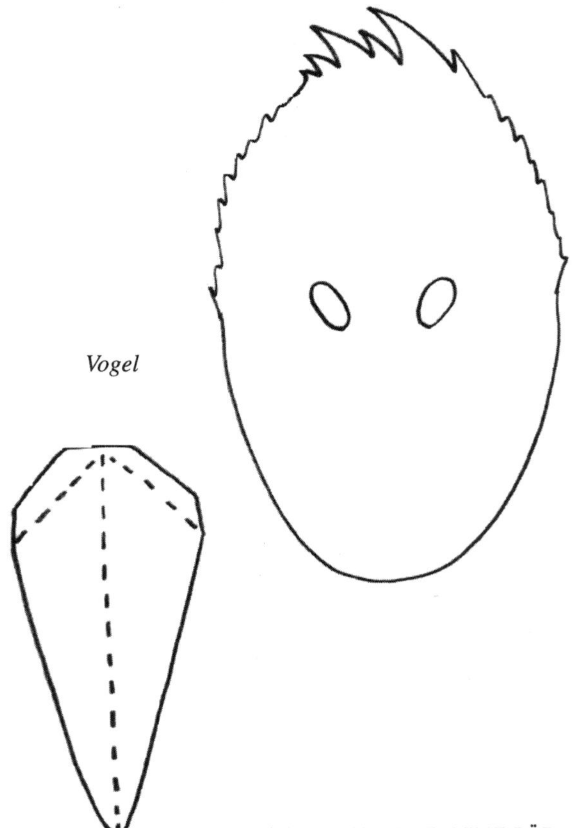

Kuh

Maus

schwarzer Junge

Stern

Ohren und Kopfschmuck

Ausgangsmaterial für alle Kopfbedeckungen ist immer ein 3 - 5 cm breiter und 60 - 70 cm langer Streifen aus farbigem Fotokarton. Er wird wie ein Stirnband getragen und mit einer Büroklammer zusammengehalten. An den Streifen werden Ohren, Strahlen, Federn, Hörner usw. festgeklebt.

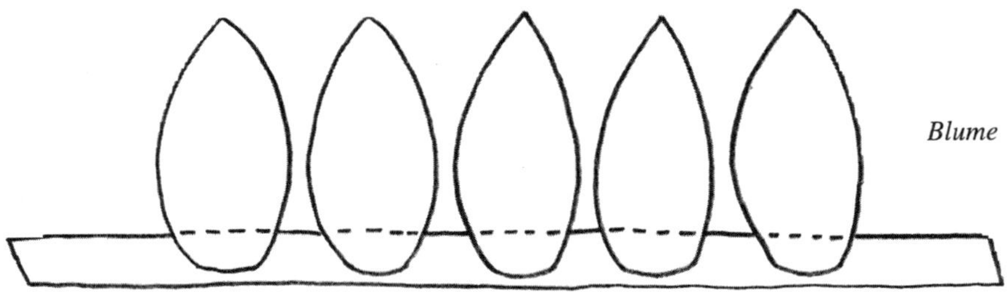

Blume

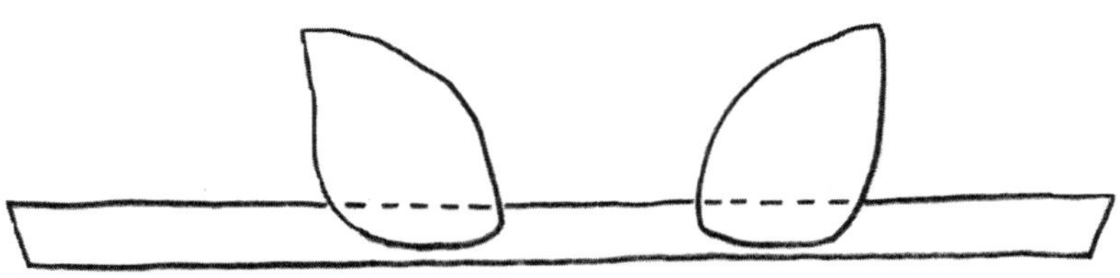

Katze

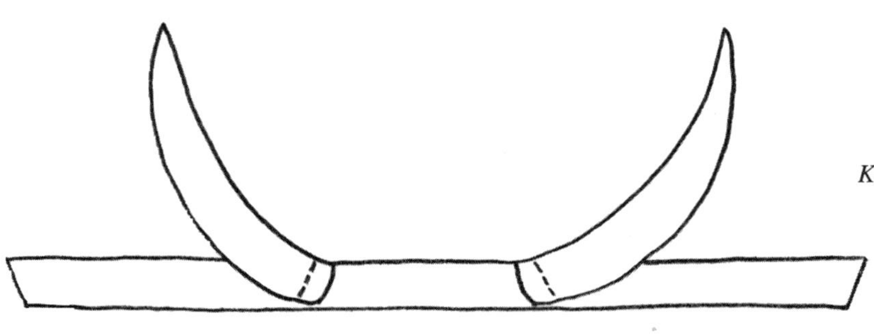

Kuh

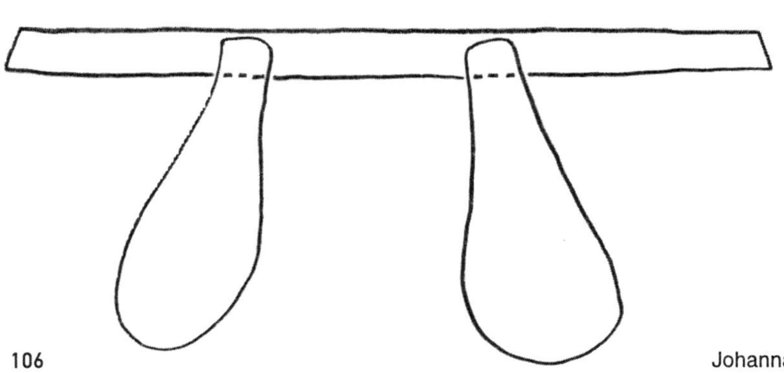

Hund

Esel

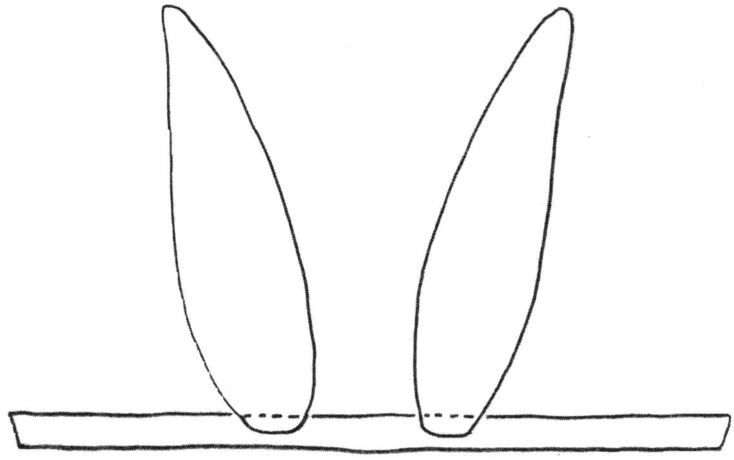

Maus

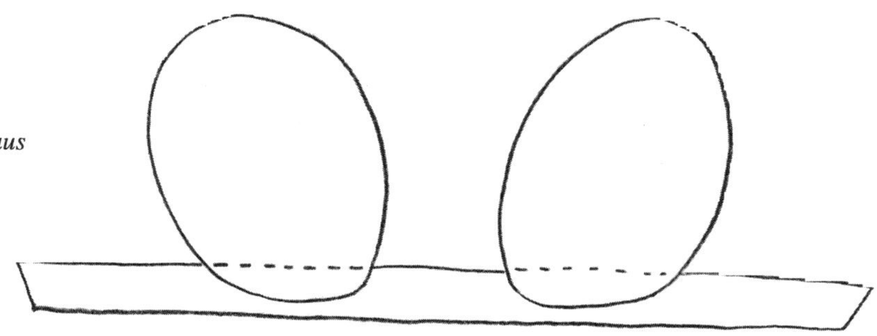

Stern

Sonne

Vogel

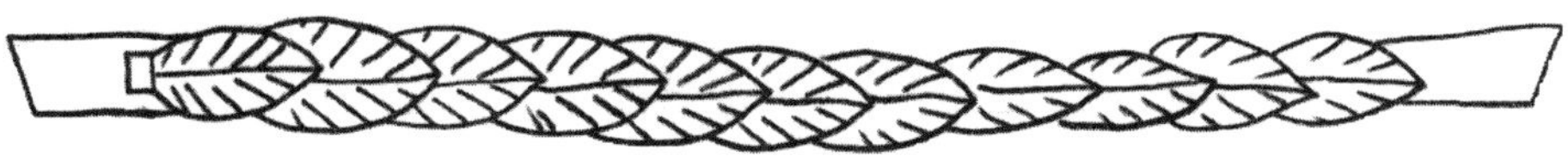

Weitere Bastelanleitungen

Entenfüße aus Filz *(Entenkinder)*

Gelben oder orangefarbenen Filz nach der hier abgebildeten Vorlage zuschneiden. Die „Schwimmflossen“ sollten den Fuß gut bedecken. Das Oberteil wird mit einer Sicherheitsnadel zusammengehalten.

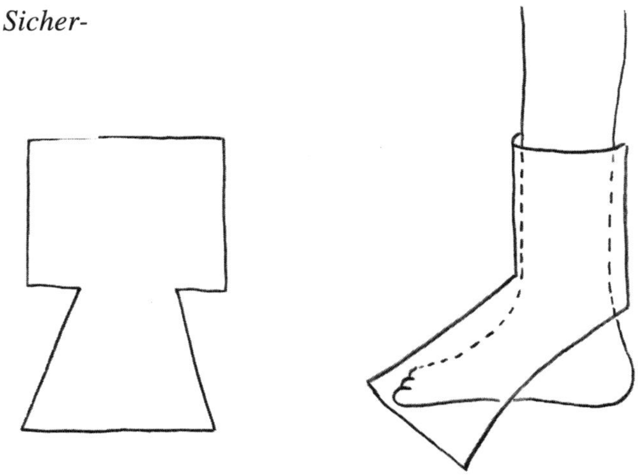

Fische für die Hände *(Das Aquarium)*

Die Fische entweder mit zwei Bändern an den Händen befestigen oder eine Pappschlaufe so anbringen, daß eine Hand hineinpaßt. Sie können die Kopiervorlage des Fisch-Umhängers (Seite102) benutzen. Verschiedene Größen sind möglich.

Fischglocken *(Das Aquarium)*

„Fischglocken" sind kleine Glasflaschen, die mit einem Klangholz angeschlagen werden. Eine Seite wird mit kleinen Pappfischen verziert. Sie können die Kopiervorlage des Fisch-Umhängers (Seite 102) benutzen, Fische in verschiedenen Größen herstellen und mit Klebestreifen befestigen.

Krokodilei *(Krokodilsleben)*

Großes Ei aus Wellpappe ausschneiden, weiß anmalen und in zwei Teile mit gezackter „Bruchstelle" zerschneiden. Das Ei sollte so groß sein, daß das Baby-Krokodil sich dahinter verstecken kann.

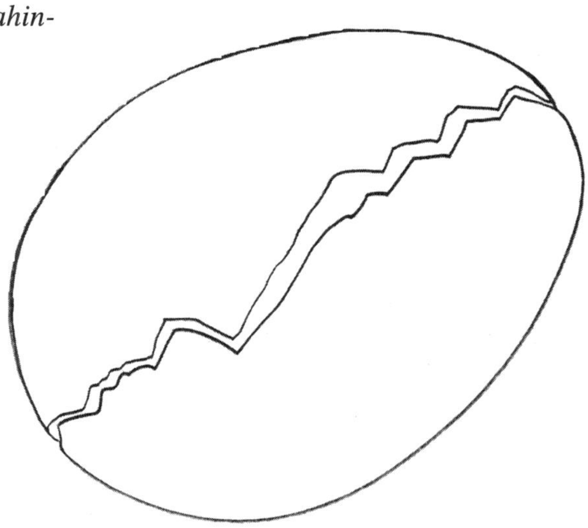

Krokodilsschnauze *(Krokodilsleben)*

Ausgangsmaterial ist eine Schirmmütze. In der Breite des Schirms aus fester grüner Pappe eine Krokodilsschnauze ausschneiden, mit Augen, Nasenlöchern und Zähnen versehen. Mit zwei großen Büroklammern am Mützenschirm befestigen.

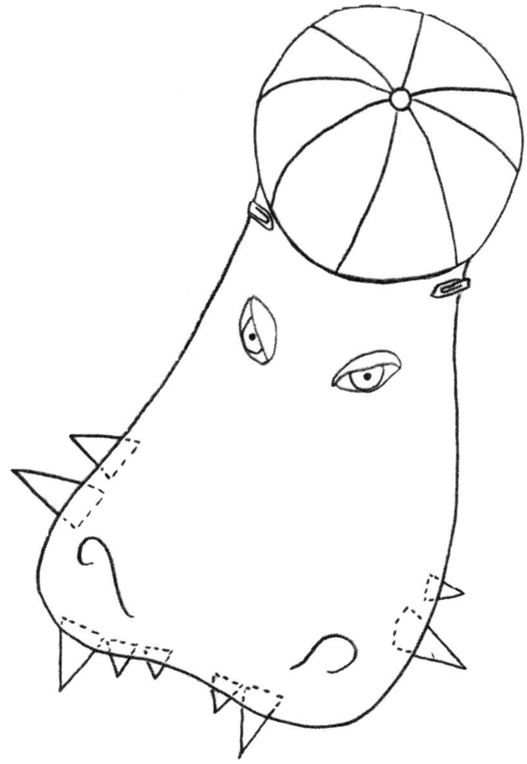

„Pat und Pit"-Gesichter *(Die Füsse Pat und Pit)*

Die Gesichter werden aus Bierdeckeln oder farbigem Karton hergestellt und mit zwei Bändern an den Fußgelenken befestigt.

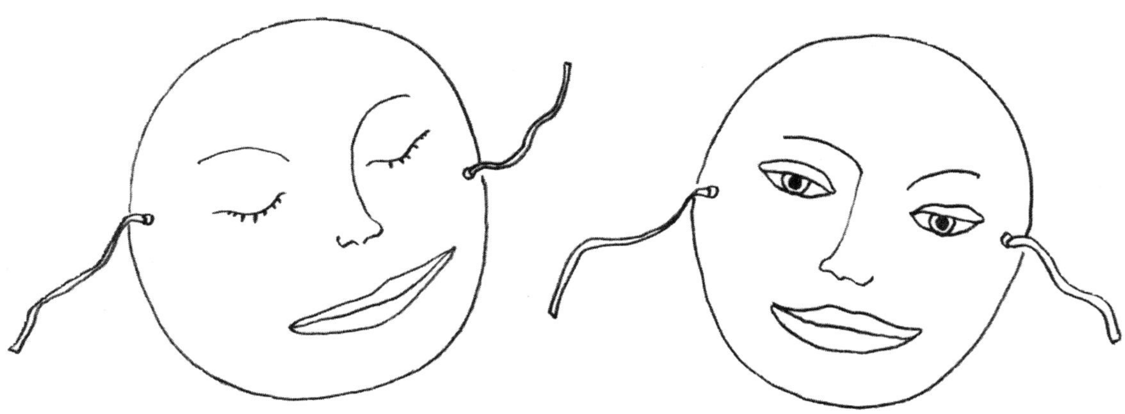

Sonne und Stern am Stab *(Frühlingslied, Kleiner Stern am Himmel, Krokodilsleben)*

Sonne und Stern aus fester Pappe herstellen und mit Klebestreifen an einem Stab (z.B. Bambusstock) befestigen.

Banane, Wurst und Pfeife *(Bananen-Boogie, Der Waldi und die Wurst, Indianerweise)*

Vergrößert kopieren, auf Pappe kleben, ausmalen oder als Umriß-Schablone für farbigen Fotokarton benutzen. Die Wurst kann auch aus einem langen „wurstfarbenen“ Kniestrumpf hergestellt werden. Das Fußende abschneiden, den Rest mit Watte füllen und beide Enden wie Wurstzipfel zubinden.

F a m i l i e   B ä r

CD und Cassette im Fidula-Verlag: 22 Lieder zum Singen, Spielen und Tanzen von Johanna Niegl

Fidula-CD 4462

Fidula-Cassette 62

Fidula-Verlag

Postfach D-56154 Boppard/Rhein Telefon 06742-2488 Fax 06742-2661

& A-5033 Salzburg/Austria Telefon 0662-821 814 Fax 0662-821 814-14

Arrangements: *Johanna und Werner Niegl,* **Ausführende:** *Andrea Daubner, Nadine Jordan, Johanna Niegl (Gesang), Werner Niegl (Gesang, Keybord), Kili Siefart (Gesang, Gitarre), Rolf Beydemüller (Gitarre), Verena Theilacker (Flöte), Ulrich Jend (Saxophone), Rebecca Jend (Oboe), Anna Großmann, Leonard Hüster, Barbara Hüster, Robert Niegl, Johann Niegl, Andreas Niegl, Miriam Schoener, Lukas Vorländer, Michal Vorländer (Kinderstimmen),* **Aufnahmeleitung:** *Werner Niegl,* **Mastering:** *Dipl. Ing. Olaf Dung, Tiny Studio Records, Hennef*

Ganz besonders danke ich meinem Mann für die intensive und harmonische Zusammenarbeit, die die Entstehung dieses Buches und der CD überhaupt möglich gemacht hat. Weiter gilt mein Dank meiner lieben Schwiegermutter, die jederzeit für die Familie einsatzbereit war und das größte Familienchaos verhinderte. Nicht zuletzt danke ich meinen drei Kindern, die oft auf ihre Eltern verzichten mußten und trotzdem das Projekt „Familie Bär" nach ihren Möglichkeiten unterstützt haben. Ferner gilt mein Dank Claudia Förster, Christa Gerber, Dr. Sigrid Liesenfeld, Bettina Schaper-Poser und Mechthild Wirxel-Hüster.